中国试验
从地方创新到全国改革

China Experiments
From Local Innovations to National Reform

〔美〕安·弗洛里妮 赖海榕 〔新加坡〕陈业灵 著
冯 瑾 张志超 译

中央编译出版社
Central Compilation & Translation Press

China Experiments: From Local Innovations to National Reform
© 2012 The Brookings Institution

图书在版编目（CIP）数据

中国试验：从地方创新到全国改革／（美）弗洛里妮，赖海榕，（新加坡）陈业灵著；冯瑾，张志超译．
北京：中央编译出版社，2013.12
ISBN 978－7－5117－1877－8

Ⅰ.①中…
Ⅱ.①弗… ②赖… ③陈… ④冯… ⑤张…
Ⅲ.①中国经济－经济体制改革－研究
Ⅳ.①F121

中国版本图书馆 CIP 数据核字（2013）第 269755 号

中国试验：从地方创新到全国改革

出 版 人	刘明清
出版统筹	贾宇琰
责任编辑	王　琳
责任印制	尹　珺
出版发行	中央编译出版社
地　　址	北京西城区车公庄大街乙 5 号鸿儒大厦 B 座（100044）
电　　话	（010）52612345（总编室）　　（010）52612335（编辑室）
	（010）66161011（团购部）　　（010）52612332（网络销售）
	（010）66130345（发行部）　　（010）66509618（读者服务部）
网　　址	www.cctphome.com
经　　销	全国新华书店
印　　刷	北京瑞哲印刷厂
开　　本	787 毫米×960 毫米　1/16
字　　数	163 千字
印　　张	13.75
版　　次	2013 年 12 月第 1 版第 1 次印刷
定　　价	49.00 元

本社常年法律顾问：北京市吴栾赵阎律师事务所律师　闫军　梁勤
凡有印装质量问题，本社负责调换，电话：（010）66509618

前　言

早在21世纪第一个10年，预言便已纷纷而起。人们预测未来几十年将会以众多变革趋势为特征，包括全球化的深化、人口的改变、经济力量的转移以及全球变暖等问题对生态环境的不断威胁。这些发展变化共同形成了对城市、省、国家、地区以及全球治理的挑战。

中国经济得到高速增长，中产阶级不断壮大，其维护主权的意识不断增强，甚至有时抱有坚定的主权意识，当然，中国还有着庞大的国土面积。这些因素都使得中国处在全球变革趋势的核心。

在这本及时且具有洞察力的著作中，作者探讨了中国对这一趋势的回应方法，即在中央领导层的有力控制下，谨慎地开展试验。由于中国的领导层提出，不平等和社会不稳定现象的加剧所引发的众多问题并不会影响中央对权力的控制，因此，中央正在实施，或者说非主动性地允许在全国范围内开展大量的地方政治改革试验。

改革的理念是本书讨论的核心问题，也是中国在近几十年来取得巨大成功的原因。无论是经济发达的大都市上海，还是那些力图回应群众日益高涨的不满情绪的经济欠发达的乡镇和县，地方政府正在采取一种试错和在做中学的方法。尽管在尝试中学习的理念有时受到中央政府的鼓励，有时传出的是警告讯号，但这种理念在中国的各个地区传播开来。

本书揭示了一种强劲而又不可预知的态势。在本书中，全能的政党—国家领导下的中国传统大国形象融入到充斥着各种声音、利益和力量的更为复杂的情境之中。中国持续的对外开放、强大的信息技术发展动力以及国际生产链的不断深化都有助于加强政府在政治领域中进行调整和试验的动力。

这喻示着中国未来的政治发展是一个极为复杂的问题。本书推翻了西方社会认为中国是一个威权的庞然大物的普遍误解，帮助读者对中国的复杂性进行解读，使读者理解每一方面的发展所带来的影响，包括2012年的领导层换届。

作者为理解中国未来发展轨迹提供了依据。他们找到了中国未来发展方向的线索。政治试验可以使政党—国家体制更为有效，并减少腐败，从而巩固现有体制。此外，还有一种可能性，那就是随着中国公民政治参与能力的提高，随着官僚体制内国家角色的不断演变以及相应制度的发展，中国可以建构成功的民主化基础。

中国的发展轨迹所带来的影响远不仅局限在中国自身。中国将成为21世纪决定世界秩序的关键力量之一。对于世界而言，作为对话者，稳定、繁荣、民主的中国不同于混乱、威权、瓦解的中国。此外，正如本书所指出的那样，中国并不是唯一一个面临着治理挑战的国家。从陷入政治僵局的华盛顿，到反腐败抗议频发的新德里，再到不断受到各种问题困扰的欧盟，大量证据显示，大型社会的治理变得愈加棘手。对于那些致力于治理改革的人而言，他们也将同样面临着中国政府官员正在努力应对的挑战，如精简行政和寻求公共部门、民营部门的合作。

本书在另一个方面同样建立了一套高标准和实用模式：三位作者彼此之间思想的碰撞与合作重现了中国与各国，中国重要地区如北京、上海、香港和广州之间，以及更为重要的是，城市与改革最有希望出现的农村地区之间业已发生的对话。

如果"和谐社会"的口号能够获得具体且有益的含义的话，它必须要适用于国家层面和全球层面的多元社会。本书为"和谐社会"精神的实现作出了远超越这一主题的重要贡献。

斯特普·塔尔博特（Strobe Talbott）

布鲁金斯学会会长

写于2012年元月华盛顿

目录 Contents

第一章 中国处在十字路口 ... 1
地方试验视角 ... 4
中国治理的巨大挑战 ... 8
地方改革的全球影响 ... 10
中国变革中的治理架构 ... 12
国家与经济的分离 ... 15
改变了的公民 ... 16
逐渐发展的制衡机制 ... 20
权力转移的制度化 ... 23
意识形态重组 ... 24
预测中国未来 ... 27
弹性威权主义 ... 28
崩溃论 ... 29
民主演变论 ... 30
陷入困境的转型论 ... 31
"摸着石头过河" ... 31
行政改革 ... 33
选举改革 ... 34

社会组织 ·· 36
　　透明度：从地方试验到国家条例 ································· 37
　　中国试验不可预知的道路 ·· 39

第二章　精简国家机器 ·· 46
　行政改革的路径 ·· 48
　地方改革：起步于深圳 ·· 56
　　监督与监管 ·· 59
　　下关区的"一站式服务" ··· 63
　　政务超市的效果 ·· 64
　行政改革仍未完成？ ·· 66

第三章　选举机制的发展 ·· 69
　政府岗位选举的发展 ·· 72
　　县级人大 ·· 76
　　党内选举 ·· 79
　地方试验 ·· 80
　　乳山市党内民主改革 ·· 82
　　雅安故事 ·· 87
　　GONGOs 的改革：河北省迁西县村妇联主任的选举 ······ 90
　结　论 ·· 92

第四章　公民社会 ·· 96
　"公民社会"的意义及其重要性 ································· 99
　中国特色公民社会？ ·· 104
　从毛泽东到非政府组织：中国社团生活的发展 ············ 108

供给与需求 ·················· 114
　社会组织的治理 ·················· 116
　社会组织治理的谨慎试验 ·················· 121
　群众组织和政府主导的非政府组织 ·················· 124
　环境非政府组织 ·················· 136
　结　论 ·················· 138

第五章　从地方试验到全国规则：阳光照进中国 ·················· 141
　发布条例 ·················· 144
　　政府信息公开规定：从地方到全国 ·················· 148
　国际比较 ·················· 150
　中国语境下的透明度 ·················· 153
　　放眼国内：转变中的思维方式 ·················· 157
　　放眼国内：官僚机构的精简和组织 ·················· 158
　　国家与社会之间 ·················· 161
　　国家与公民社会之间 ·················· 162
　　约束国家：司法机关 ·················· 166
　　对党的约束 ·················· 168
　挑战 ·················· 169
　　规定的范围：保密与公开之间的张力 ·················· 169
　　收效甚微 ·················· 172
　　公民意识及发挥 ·················· 173
　　发布的信息与要求获得的信息之间不衔接 ·················· 174
　　社会缺乏自治 ·················· 177
　　制度化程度不高：转型中的体制 ·················· 178
　　执行不力 ·················· 179

司法缺陷 ··· 180
　结果公开还是过程公开 ····································· 182
　　　向地方放权与全国指导的平衡 ························ 182
　结　论 ··· 185

第六章　中国向何处去 ···································· 188
　试验的经验教训 ·· 189
　十字路口的路标？ ·· 196
　　　行　政 ·· 198
　　　选举机制 ·· 199
　　　公民社会 ·· 200
　　　透　明 ·· 201
　导火索与轨迹 ··· 203

译者后记 ··· 209

第一章 中国处在十字路口

SRL皮革公司着实令它的邻居们困苦不堪。皮革加工业并不是环保的行业。如同随处可见的皮革厂一样,SRL皮革公司同样易于排放毒气和废气。21世纪初期,SRL皮革公司污染排放问题愈加恶化,愤怒的居民向地方政府反映了他们的种种不满。皮革厂所在的镇上环境保护局作出回应,将该公司列为2004年至2009年度超标排放企业,责令该公司进行整改。尽管SRL皮革公司采取了一些降低污染排放的措施,但这些措施却并没有使污染排放得到有效缓解,该公司也没有与当地居民进行沟通。因此,居民的抱怨与不满仍在持续。2009年4月,环境非政府组织"自然之友"帮助当地居民向法院提起诉讼,要求该公司依照国家《环境信息公开办法》的规定,公开其相关环境数据。当SRL皮革公司没有付诸任何行动时,由一些环境非政府组织构成的"绿色选择联盟"再次向SRL皮革公司去信,要求公开其排放量。当该公司再次选择沉默时,两家非政府组织联合向SRL皮革公司的主要客户之———国际制鞋公司"森林地"的CEO提出投诉。

在市民、政府、非政府组织以及商业压力联合要求停止污染排放的抨击下,SRL皮革公司最终采取了行动。2009年7月,该公司公布了其排放记录。两个月后,SRL皮革公司的CEO与居民、森林地公司代表以及当地媒体坐在一起,聆听各方的投诉建议,并为居民组织了参观工厂的开放活动。SRL皮革公司还任命一位居民代表参与公司未来环境问题的决策事务,并开通一部热线电话接受各种有关环境污染问题的投诉。此外,SRL皮革开始公布每日污水排放数据,并接受一家环境非政府组织的审计,以确保采取有效措施应对污染排放。[1]

对于那些对非政府组织和法律诉讼都习以为常的北美读者和欧洲读者而言,这些听起来很平常。然而,这一事件发生在大厂镇——一个隶属于熙熙攘攘的大都市上海的城镇里。大多数西方人都认为中国是一个非常与众不同的国家,因为中国共产党执政60余年,法律诉讼和民间组织在这里并没有太多的影响力。

有关中国问题的报道文章通常会讲述如下三种类型的故事。第一种故事关注中国经济在过去30年间所取得的巨大成功——的确,上海、深圳等城市的转型,中国新经济在国际货币基金组织、二十国集团等世界舞台上所发挥的影响力,以及中国制造的商品在世界市场占有率的激增都是有目共睹的。第二种故事通过观察中国内部,包括从每年数以万计的抗议和示威,到2010年富士康公司苹果加工厂的多起自杀事件,再到中国的环境保护现状(一份近期对各国环境保护的评估排名报告显示,中国排在163个国家中的第121位),总结记录中国彻底的经济转型所需付出的社会和环境代价。[2] 最后,探讨中国治理方面的文章大多阐述的是非法逮捕、审查制度以及掩盖行政官员品行

---

[1] World Resources Institute of Public and Environmental Affairs, "Greening Supply Chains in China: Practical Lessons from China – Based Suppliers in Achieving Environmental Performance," 2010, www.ipe.org.cn/Upload/Report – Green – Supply – Chain – In – China – EN. pdf.

[2] "Environmental Performance Index 2010," Yale Center for Environmental Law and Policy and Columbia University Center for Earth Science Information Network, in collaboration with the World Economic Forum and Joint Research Center of the European Commission, http://epi.yale.edu/countries.

不端的事件，这似乎表现出这个国家缺乏有效的反馈、参与或质疑的政治渠道。总之，这些故事使读者产生了一种普遍的印象，那就是，尽管自1978年邓小平的改革开放政策实施以来，中国的面貌发生了变化，但是体制内的政治路线改革仍远未触及。

然而，类似SRL皮革公司这样的事件显示出一个深藏不露但却格外重要的故事，那就是，尽管中国仍然是一个一党执政国家，但是如今，市民可以，或者间或可以表达不满和寻求解决问题的多重渠道得到了快速发展。大厂镇的居民先是向政府直接投诉，随之许多环境非政府组织也参与其中。这些非政府组织运用新颁布的信息公开透明条例和逐渐发展的法律体系向SRL皮革公司施压，推动企业付诸行动，这一做法还促使国际供应链发生改变，提高了污染企业所承担的风险。因此，SRL皮革公司的污染问题不仅通过运用正式的政策条例，而且通过多方讨论和赋予公民管理环境的权利，最终得以解决。

这个故事为探究中国政治发展的复杂性打开了一扇窗口，这种复杂性体现在这些现象身处显著的转型环境之中并发生在地方层级。邓小平在1978年实施的改革开放政策并不是简单地对计划经济释放市场的力量，而是重新分配了国家参与经济事务的程度，这不仅为私有企业的发展创造了机会，还为地方政府尝试不同改革创造了空间。

改革的最初阶段使中国走向了"碎片化的威权主义（fragmented authoritarianism）"，即权力在横向上被不同的区域所划分，纵向上为不同机构和行政层级所掌握。① 在随后的几年里，政党—国家体制也逐渐改变了国家参与社会领域的性质，允许更多的人进行个人选择，并且随着时间的推移，公民拥有更大的空间表达想法、参与公共事

---

① Kenneth Lieberthal and Michel Oksenberg, *Policy Making in China: Leaders, Structures, and Process*, Princeton University Press, 1988.

务以及组织社团。国家结构本身的分权化日趋明显,国家允许地方政府发起改革,并在中央、省和市县级党和政府进行试验。随着一些制衡机制的悄然出现以及法治的逐步发展所带来的对权力滥用的限制,中国共产党党内制度也发生了变化,这对于权力大多集中在共产党手中而非政府手中的列宁式共产主义体制而言是至关重要的。

然而,中国治理体制迈向责任治理和有效治理的道路并不是平坦而笔直的。中国治理体制的发展埋藏在层层重叠的新旧结构之下,受到既得利益的影响,改革实施的进程参差不齐。一方面,中国共产党对自身在经济和社会事务中的权力限制愈加严格,并在许多方面逐步走向法治。另一方面,中国共产党的首要任务是维护党对政治权力的掌控。

面对如此复杂的问题,观察家们认为,中国政治的未来或许会出现一系列的可能性:第一,威权资本主义取得胜利;第二,紧张局势和社会矛盾日益加剧,中国国内无法团结一致,从而引发国家的崩溃;第三,中国不彻底的改革将导致发展的长期停滞;第四,不断壮大的中产阶级将会推动公民获得更多的权利,从而使中国走向民主。然而,中国究竟将去向何方?未来的中国将成为何种类型的国家呢?

地方试验视角

与其他关注政党或精英政治的文献[①]不同,本书旨在深入研究中

[①] David Shambaugh, *China's Communist Party: Atrophy and Adaptation*, University of California Press, 2009; Richard McGregor, *The Party: The Secret World of China's Communist Rulers*, New York: Harper Collins, 2010.

国在乡镇、县、市和省所开展的地方改革试验方法，从而探究中国各地开展的众多政治改革。通过对地方的观察，我们将会发现中国正在奠定何种基础以支撑未来政治变革的线索。

地方试验是中国自 20 世纪 70 年代末期，即毛泽东时代后期开展各种改革的主要标志。过去 30 年来，中国发生的巨大变革并不是源于自上而下休克疗法式的改变，而是多层级循序渐进变革的结果。中国的改革方法较少采用大爆炸式的方法，而更多采取的是"做中学"的方法，这种渐进精神常被称为"摸着石头过河"①。该方法之所以可行不仅在于中央积极鼓励地方以不同的发展方式进行试验②，而且还因为在 20 世纪 70 年代末期和 80 年代中期财政和行政权力的下放。

权力下放使中央和地方各级政府在一系列问题上都发生了很大的变化。中央政府默认给予地方政府更多的改革空间，在社会保障、医疗保健、教育、环境保护、城市规划等问题上，地方政府享有越来越多的决策权。尽管整体政策目标仍由中央政府做出，但事实上，中央政府允许地方政府灵活探索具体可行的实施方法和手段，从而

---

① 人们常常将这一说法与邓小平联系起来，1980 年 12 月陈云在一次会议上提出"摸着石头过河"这一说法。参见 *Selected Works by Chen Yun*, Vol. 3, Renmin Press, 1995, p. 279。邓小平很快认同这一说法并提出，"大胆地试"。参见 *Selected Works by Deng Xiaoping*, Vol. 3, Renmin Press, 1993, p. 372。

② 尽管该试验方法自 20 世纪 80 年代开始实施，但实际上，它的历史可以追溯到毛泽东时期，在 20 世纪 40 年代以及 50 年代初期，"试验点"这一说法以及"由点及面"的改革逐渐确立起来。20 世纪 50 年代到 60 年代的"大跃进"和"文化大革命"动乱使得试验无法进行，但是邓小平和其他领导人在 20 世纪 80 年代又重新开展试验，并将其作为经济改革的实用方法。强调地方差异的多重模式得到推行，在意识形态上背离了先前坚持的单一意识形态驱动模式。如需更为详细的阐述，参见 Sebastian Heilmann, "From Local Experiments to National Policy: The Origins of China's Distinctive Policy Process," *The China Journal*, No. 59 (January 2008)。

实现中央政府的既定目标。①

这种试验主义方法的优点是显而易见的：考虑到国家的规模和治理体制相对落后的性质，贯彻某个不良政策所带来的影响往往是巨大的，且难以纠正。国家社会经济的变化需要的是灵活性，而不是一刀切的方法。权力下放的试验主义策略允许中央设定总体目标，但同时允许通过地方试点来检验中央的思路，使中央获得地方经验。国有企业改革试点经验在中央讨论总结，之后通过下发通知、举办新闻发布会以及组织其他地区参观和交流等活动在地方进行推广。这种改革被称为"分级制试点"②，需要在控制与自由之间达到一种微妙的平衡。

国家计划的地方试验能取得多大的成功？在国家计划默许的情况下，地方试验能够在多大程度上被中央所采纳？国家政策和地方模式又存在着怎样的不同？在实践中，这三个问题都存在巨大的差距。例如，20世纪90年代初期，江苏省开始实施乡镇企业民营化，而山东省和四川省则在尝试国有企业的民营化。这些成功的地方经验最终被中央所接纳，并推广至全国，为中国经济的未来发展带来巨大的影响。然而，这种发展方式并非出自中央政府的指示，也不是国家经济规划的一部分，而是更多地源自于中央政府对于地方创新的积极回应。

过去30年间经济的持续增长为中国带来了日益复杂的治理挑战。从社会不平等，到日益增长的社会保障需求，再到环境污染和社会腐败，这些挑战都需要中国建立广泛而有力的体制。为了应对

---

① Sebastian Heilmann, "From Local Experiments to National Policy: The Origins of China's Distinctive Policy Process," *The China Journal*, No. 59 (January 2008).

② Sebastian Heilmann, "From Local Experiments to National Policy: The Origins of China's Distinctive Policy Process," *The China Journal*, No. 59 (January 2008), p. 29.

这些挑战，在地方一级率先实施的政策改革已不再限于经济领域，而是深入到行政、社会以及政治领域。这些试验便是本书的主题。我们将通过大量的案例研究和深入分析，探讨中国各级地方政府如何积极尝试改革，引导并适应（而非抵制）广泛出现的改革力量。

这些试验反映出地方治理的方式日趋多样，这挑战了人们通常对威权主义统治的理解。行政程序精简等试验旨在推动政府机构的办事效率与能力。其他一些诸如针对社会组织和非政府组织的试验则探索出一条利用非政府机构解决社会问题、弥补国家主导方式弱点的方法。此外，党内开展的试验还引入了从乡镇一直到国家权力结构顶层开展的半竞争性选举。最后，政府尝试利用公开透明作为抑制腐败的治理工具，并通过主动公开信息和赋予公民知情权推动责任机制的发展。

考虑到地方治理改革如何推广，以及推广之后这些试验会产生何种影响，我们将探究开展这些试验的动机以及它们所带来的影响。截至目前，地方和中央在对待不同类型的改革时已经出现了抱有不同态度的现象。改革的发展存在着自发性和不均衡型，省市级政府的想法和创新有时与中央保持一致，有时却与中央的想法不完全一致。

本书探讨的关键性问题是，这些努力是否可以在执政体制内得以确立（尽管威权主义统治的性质仍在不断发展），或者是否可以为重要的政治改革创造空间。

然而，透过表面这些问题，我们仍有可能发现关于信息流、参与机制和责任机制的重要且有趣的趋势。这些趋势提出了中国这个日益民主的政体将会采取何种形式的问题，当然，任何一种民主结构都必然要从中国独特的历史和社会文化背景里孕育出来。前文我们简要介绍了实施中的试验，由此可以看出，中国共产党的执政性质和威权主义体制的基础正在发生着改变。这意味着即使中国共产党能够成功地维护其执政地位，它也很有可能挑战人们对威权主义的传统理解。我们并非试图去猜测中国最终的发展状态，而是更感兴趣于中国能否在增加参与和增强责任的方向上建立必要的体制，进行政治改革。

中国渐进主义的改革方式所带来的影响远非那么简单。中国这个政党—国家正在积极尝试解决可能导致崩溃、停滞或者挑战党的权威的各种因素，比如中国正在地方治理改革中开展协商试验。我们相信，要了解前文阐述的这些复杂的因素如何联系在一起，现在还为时过早。然而，可以肯定的是，中国共产党在维护政权垄断的同时，正在谨慎地开展各种改革并维护其执政的合法性。有史以来，没有哪个国家能够像现代中国这样，在威权主义下保持着经济的高速发展。中国庞大的规模以及协商试验的治理方法都在探触着社会科学的极限。

中国治理的巨大挑战

一个重要的问题摆在我们面前，那就是这种增量试验方法能否使中国在面临严峻困难、政府能力遭到挑战时经受住考验。维持经济的快速发展需要对国有企业进行改革，需要国内规则适应于全球贸易和金融体制秩序，还需要调整原有的城市化改革政策，构建更加先进的资本市场。所有这些要求都必须在面对严峻的社会混乱之前得以完成，而国家正在力争克服这些社会混乱，包括地区间和地区内收入差距的扩大、老龄化人口结构的加剧以及健康问题的增多。

此外，中国经济所取得的成绩还以牺牲环境为代价。① 由于环境问题日益成为人们日常生活中的一种负担，因此，污染问题不仅影响到中国长期的可持续发展，而且也加剧了社会稳定的压力。

基于上述这些问题，中国每年都会爆发数以万计的抗议（有时是暴力抗议）活动，公民通过这些活动来表达他们对滥用劳动力、水土退化以及官员腐败等问题的不满。行政（和政治）调整的速度落后于经济增长的速度。如图1－1所示，1993年至2008年间，中国爆发的示威活动数量急剧增长，这反映出社会混乱日益严重，现有的治理体制日趋紧张。

保持经济的高速增长仍是中国共产党执政的最主要竞争优势，因为经济发展支撑着中国共产党执政的合法性。然而，随着中国逐渐迈向中等收入国家，许多问题也将悄然出现。譬如经济增长能否持续，如果不能，中国经济将会走向崩溃还是停滞。② 如果经济发展真的停滞，接下来的问题是，中国是否具备社会调节和适应的能力来应对必将冲击国家、社会和经济各部分的各种断裂和冲突。

---

① Elizabeth Economy, *The River Runs Black*: *The Environmental Challenge to China's future*, Cornell University Press/Council on Foreign Relations, 2010；更多的报道参见 China Environment Forum at the Woodrow Wilson International Center for Scholars, www. wilsoncenter. org/program/china - environment - forum。

② NourielRoubini, "China's Bad Growth Bet," April 14, 2011, www. project - syndicate. org/commentary/roubini37/English；"When Fast Growing Economies Slow Down: International Evidence and Implications for China," Working Paper 16919, Cambridge, Mass.：National Bureau of Economic Research, March 2011.

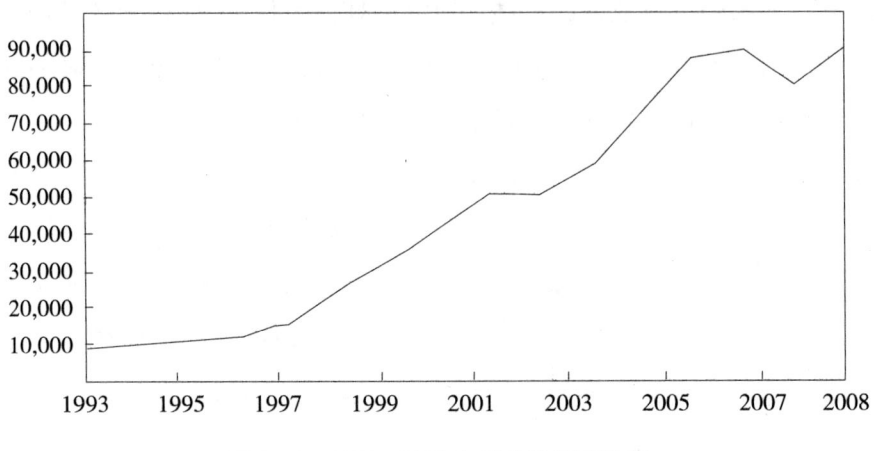

图 1-1　1993—2008 年群体性事件数量

数据来源：《预防与处置群体性事件》，人民日报出版社 2009 年版，第 43 页；陈晋胜：《群体性事件研究报告》，群众出版社 2009 年版，第 62 页；宋维强：《社会转型期中国农民群体性事件研究》，华中师范大学出版社 2009 年版；刘子富：《新群体性事件观》，新华出版社 2009 年版，第 1 页。论文：李忠信：《关于世纪初经济发展与社会稳定问题的讨论》，载《江苏公安专科学校学报》2001 年第 12 期，第 10—12 页；刘旭东：《群体性事件深度剖析》，载《党政论坛》2009 年第 1 期，第 44—46 页。此外，2000 年和 2001 年的数据来源于胡联合、胡鞍钢、王磊：《影响社会稳定的社会矛盾变化态势的实证分析》，载《社会科学战线》2006 年第 4 期，第 175—85 页。

地方改革的全球影响

中国未来政治发展的影响将远远超越自身的边界，这不仅因为中国的地缘政治力量日益强大，还因为从非核化到气候变化，再到全球经济稳定，如果没有中国的支持与合作，越来越多的国际事务都将无法开展。随着全球化的发展,从资源竞争和能源安全,到疾病蔓延和金融稳定,众多国内外的挑战日益交织在一起。然而,即使中国以成员国身份积极参与了全球论坛,并不断深入解决此类重大问题,中国仍不得不应对世界其他国家对中国所抱有的根深蒂固的怀疑态度,以及国内对外国敌对态度的担忧。

然而,问题不仅在于中国是否大体认可现有规则秩序而选择安于现状,或是根据自身期望和利益需要重建世界秩序,成为崛起的霸主,问题还在于中国治理体制的性质将如何塑造中国的全球角色。如果愈加民主的中国与世界其他主要力量分享价值观,那么被视为必然的力量转移,即力量从西方转移至亚洲,会更加容易地实现。未来几十年中,"民主和平"将会成为学者探讨的主要议题,这是因为尽管民主国家通常并不反对发动战争,但他们不愿意彼此之间发动战争,这便为我们提出了一个重要的问题,那就是中国国内体制的本质究竟会引发战争,还是会带来和平。①

在我们看来,中国国内的政治发展对全球带来的影响也许并不是那么简单。中国政府在作出外部问题的决定时在一定程度上会考虑到自身的意愿,以及进行内部平衡的能力,而从战略上考虑外部利益时又反过来在一定程度上受到国内政治的影响。如果愈加民主的中国政府必须严格、负责地回应国内利益集团的需求,那么他也许会发现自己在国际舞台上缺少一些行动自由。如果中国认为主权是一种重要的原则而必须去保护和维护,那么一个更为威权的政府也可以更好地维护现有的威斯特伐利亚秩序(Westphalian order),从而在众多民主国家中保护自身的地位。

---

① Michael E. Brown, Sean M. Lynn-Jones, and Steven E. Miller, *Debating the Democratic Peace*, MIT Press, 1996.

显然，为了促进国内发展，中国政府在决定如何处理政府与社会的关系和中国在全球化的过程中扮演何种类型的主要力量方面都面临着巨大的挑战。这两个决定密切相关，但是鉴于全球化、经济发展和中国社会流动性的增强所带来的急剧变化，我们尚不清楚政党—国家为作出这些决定，留有多少回旋的空间。然而，探究在中国发生的变革，特别是探究北京之外的那些地方政府为应对多重治理挑战而进行试验的方法是具有启发性的。这种地方视角为我们探索中国政治体制的发展提供了非常丰富的线索。

然而，理解这些试验所带来的影响需要一定的背景知识，我们现在就来谈谈这个问题。在本章其余部分，我们将探讨中国治理架构的变革，系统梳理目前学术界对中国政治未来发展的讨论。之后，我们将探究新的治理工具中的各种动力和试验，因为他们是推动变革的驱动力，并阐释接下来的章节是如何为理解中国国内变革和影响中国政治未来的因素提供思路的。

中国变革中的治理架构

中国经济的崛起伴随着远比乍看起来范围更为广阔的政治变革。中国的经济结构得到彻底改变。如今，公民接受到了更好的教育，有更多的机会选择自己的住所和工作。在众多公共政策领域，权力得到了明显下放。对于管理一个人口超过美国人口四倍且迅速现代化的国家而言，这种发展带来了机遇和挑战。

在"文化大革命"结束和1976年毛泽东去世后，中国在1978年第一次开启了一系列的改革之旅，中国共产党和体制内其他机构的角色悄然发生了改变。20世纪70年代末以前，中国同苏联和东欧国家一样，国家控制着社会生活中的几乎每一个领域。工作只能由政府分配，不能任由个人选择。集体农业使个体农民不能获取自己的劳动所得。公民实际上也没有追求个人利益的权利。然而，自70年代末起，中国开始尝试进行广泛的经济、社会和政治试验。在过去的几十年中，中国已经在很大程度上不再控制和干预经济活动，并逐渐减弱了对公民生活的控制和干预。

框1-1 中国政治与行政结构概述

理解中国政治变革需要了解一些中国基础治理结构的背景知识。中国的治理体系包含两种平行的等级制度：国家等级制度和党的等级制度。这两种等级制度在5个行政层级中运行，这5个行政层级分别是：政治中心（北京）、省、市、县以及乡。中国共有34个省、自治区和特别行政区（包括香港、澳门和台湾地区，这三个地区独特的政治发展并不属于本书讨论的范畴），333个市，2862个县以及41636个乡。

中国的国家等级制度与大多数国家政府的等级制度非常类似，包含行政、司法和议会（在中国的词汇术语中，人民代表大会相当于下议院，人民政治协商会议相当于上议院）。在理论上，这三种不同的制度分支形成了国家政治等级制度的制衡机制。由于权力得到下放，每一个行政层级均采取这种平行的等级制度。这意味着省级以及省级以下的人民代表大会并不隶属于全国人民代表大会，而是地方政府的组成部分。同样，地方司法机关也并不隶属于中央司法机构，而是向地方政府进行汇报。

这种权力的分离与地方的相对自治意味着地方的目标常常与中央的工作重点并不一致，而党跨越了各级分支和不同层级，使各级政府保持一致。党制定发展策略，而政府实施这些策略，并处理日常事务。在每一级等级制度中，党委平行于政府。例如，省级政府、省级司法部门和省全国人民代表大会与省级党委保持一致。政府机构的主要领导通常都是省级党委成员。党领导政府机构的主要方法是通过"候选人名单"体系，使党拥有选拔这些领导岗位人员的权力，从而控制政府部门的领导人选。许多政府官员并不是党员，但是具有决策权力的官员（特别是在更高的行政层级中）大多都是党员。

全国人民代表大会是人民的代表机构，人民主权被写入中国宪法。理论上，主要政府机构的领导应由不同层级的人民代表大会选出。但是，由于只有中国共产党提名的候选人才能获得这些领导职位，大多人民代表大会的代表均为党员，因此，中国共产党实际上决定了政府官员的任免。全国人民代表大会在形式上是中国的立法机构，但是中国主要的执行机构——国务院则具有更大的影响力，它有权向全国人民代表大会及其常委会提交法律草案。2000年通过的《立法法》限制了全国人民代表大会通过关于人权、诉讼和税收等法律的权力，允许国务院、地方政府和人民代表大会在其他领域进行立法。此外，《立法法》还允许地方立法机关制定国家范围内尚不存在的法律，但是国家一旦立法，这些法律必须与国家法律保持一致。

除中国共产党以外，中国还有8个政党，这些政党都是在1949年中国共产党执政之前成立的。1949年以前，这8个政党与中国共产党共同反对国民党的统治。这8个政党的党员和领导人大多数为知识分子和商人，在20世纪40年代具有很大的影响力。20世纪50年代初期，这8个政党的主要领导人担任了国家要职，但是1956—1976年间，这些政党却受到限制。1978年之后，虽然这些政党逐渐得到恢复，但是它们在中国政治上所发挥的作用远远被削弱了。尽管中国将自身的政党体系描述为"中国共产党领导的多党合作和政治协商制度"，但是中国共产党仍占有绝对的政治主导地位。

国家与经济的分离

国家正在改变自己在经济活动中扮演的角色，这包括两个相互强化的层面。[①] 首先，在20世纪80年代，国家实施了一系列放开价格管制的措施，放弃了中央计划。起初，改革引入了价格双轨制，允许计划外的商品进行自由交易，并由市场决定商品价格。如今，大多数产品的价格均已放开管制，但国家仍然控制着石油、电力和铁路运输等领域的价格。其次，产品方面也发生了同样的变革。随着20世纪90年代取消了产品计划，计划经济模式也一去不返。由于政府，特别是地方政府不再有财力补贴企业的亏损，主导中国经济的大量国有企业已经逐渐民营化。如今，隶属于地方政府的国有企业已经很少。即使那些大型的国有企业也实行了商业化的运营。虽然国家仍拥有许多国有企业，但一些国有企业通过在国内和国际股票市场上市进行了部分民营化，其他国有企业的管理模式已日趋类同于那些大型跨国私有公司的管理模式。[②]

第二个方面是私有部门和国有部门规模的急剧再平衡，中国的中央政府开始允许甚至鼓励私有企业、外商独资企业和合资企业的发展。图1-2显示了国民经济的所有制结构自20世纪70年代末以来的30多年里发生了多么巨大的变化，国有部门收缩，私有部门兴起了。

[①] Maria Csanadi, *Self-Consuming Evolution: A Model on the Structure, Self-Reproduction, Self-Destruction and Transformation of Party-State Systems Tested in Romania, Hungary and China*, Budapest: Akademia Kiado, 2006.

[②] Edward Steinfeld, *Playing Our Game: Why China's Economic Rise Doesn't Threaten the West*, Oxford University Press, pp. 32-35.

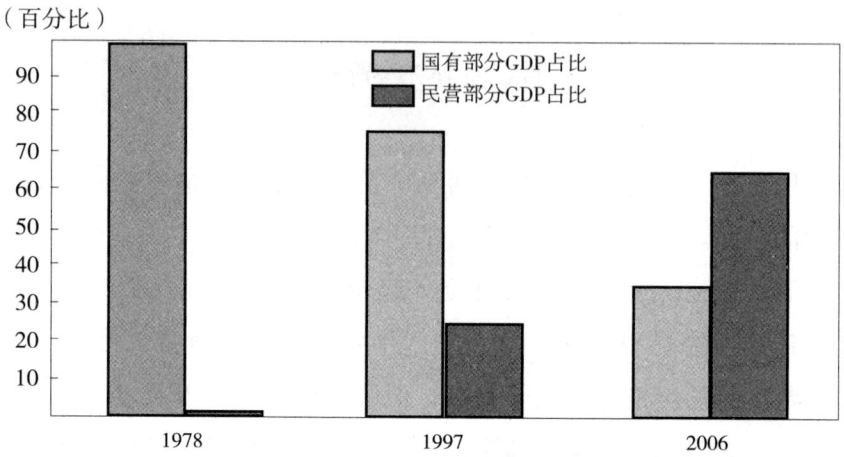

图1-2 1978—2006年变化中的经济所有制结构

数据来源：1978年和1997年数据参见《经济日报》2012年11月5日。2006年数据参见李欣欣：《中国非公有制经济发展比重不断增长》，载《瞭望新闻周刊》2007年10月1日。

注：图表由赖海榕编制。"国有部分"包括国有企业、国家控股的股份制企业和通常由乡镇政府以及上级行政机构的分支部门主导的集体企业。除此以外均归并为"民营部分"。

改变了的公民

随着计划经济的取消，国家对公民日常生活的控制和干预也随之减弱。经济的市场化意味着如今国家不再能够控制人们对工作和职业的选择。人口的流动性显著增强，住房也逐渐私有化。超过1亿的农民工从农村流向城市，在工厂中找到工作。随着私立学校的发展和公立学校的商业化，国家对教育的控制也在减弱，海外求学的选择急剧增加。

另外一个巨大的变化是中国公民如今可以同他人和外界进行学习和交流。受教育人口的比例从1982年的66%上升至2009年的

94%。城市人口数量占总人口的比例增长了两倍多,从 1981 年的 20% 增长至 2009 年的 44%。网民数量从 1993 年的 2000 人上升至 2010 年的 4.57 亿人(参见图 1-3)。1990 年,每百人拥有 1 条电话线路;2009 年,每百人拥有的电话线路达到 24 条。移动电话的百人拥有量从 1991 年的零拥有增长到 2009 年的 56 部。① 随着信息更加自由地流动以及中国逐渐与国际社会融合,人们可以有机会接触到更多的国际事件、新的价值和思想方式。同样重要的是,在一个地区发生的事件和对话越来越容易被另一个地区的公民所了解,这形成了愈加丰富和多层级的国家共识。

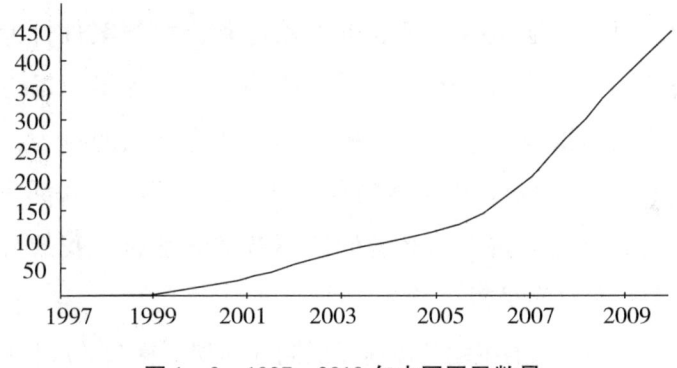

图 1-3　1997—2010 年中国网民数量

数据来源:中国互联网信息中心颁布的《第 27 次中国互联网络发展状况统计报告》(http://research.cnnic.cn/html/1295343214d2557.html)。

这些发展还在某些程度上体现在日益变化的消费趋势和生活习惯方面,特别是在城市地区。时装设计师缪西娅·普拉达(Miuccia Prada)在 2011 年 1 月第一次在北京举办了 2011 年春夏时装秀,与几个月前的米兰时装秀相比,北京的这次时装秀更加符合中国消费

---

① 参见 World Bank, Data, "China", 2011, http://data.worldbank.org/country/china。

者的喜好。① 此外，新的市场领域也正在扩张。据估计，男士化妆品市场在 2010 年的消费额已达 2.7 亿美元，超过了美国市场的 2.3 亿美元。② 最近几年，养犬人数也急剧增加，仅在北京登记注册的犬只就达到 90 万条。养狗人数的增加同时伴随着网上宠物社会网络的发展，甚至出现了相关的奢侈品，比如宠物狗游泳池。③

然而，中国社会的转型远远超出了浮华的时尚和闲适的宠物范围。公民的权利意识日益提高，体现在针对地方和中央政府机构的诉讼案件不断增多。一个名叫郝劲松的律师通过代理一些小型、政治敏感度不高的起诉政府的案件推动构建中国的法治社会，从而吸引了公众的目光。他赢得一场起诉地铁运营公司的案件，迫使其开具使用公共厕所的价值 1 元的发票。此外，他还赢得一场起诉铁道部的案件，因为铁道部没有开具税票单。他将自己的行为比喻成一条跑道，他说，"大众是由少数精英领导的，但是如果普通人看到这是一条通向监狱的道路，那么他们便不敢继续前行。我的方法是一种普通人可以效仿的方法。"④

社会团体和非政府组织的迅速发展同样体现了社会的成长壮大。正

---

① LaetitiaLipman, "Leading China's Voguish Revolution," *The Telegraph*, February 9, 2011, http://fashion.telegraph.co.uk/news-features/TMG8311302/Leading-Chinas-voguish-revolution.html.

② Frederik Balfour, "China's City Jade Men' Indulge in Mud Masks, L'Oreal Cream," *Bloomberg*, December 12, 2010, www.bloomberg.com/news/2010-12-12/china-s-city-jade-men-indulge-in-mud-masks-l-oreal-creams.html.

③ Michael Wines, "Once Banned, Dogs Reflect China's Rise," *New York Times*, October 24, 2010, www.nytimes.com/2010/10/25/world/asia/25dogs.html?_r=1&src=me.

④ Peter Ford, "How one man in China Strengthens the Rule of Law," *Christian Science Monitor*, February 22, 2008, www.csmonitor.com/World/Asia-South-Central/2008/0222/p01s04-wosc.html%28page%29/2.

如我们将在第四章详细阐述的那样，20世纪70年代末以前，非政府组织是被禁止的，但是随着国家角色的弱化和改变，对非政府组织介入的需求不断增加，以填补服务供给和社会协调方面的缺口。虽然正式的法规限定了非政府组织的活动，且非政府组织也没有正式的自治权，但是越来越多的非政府组织参与到商务、教育、择业、照顾弱势群体、社区维护、民间艺术传承以及更加复杂的劳动权利、环境保护和宗教活动之中。根据最近的一项调查研究显示，包括多数未在主管部门登记的非政府组织在内，中国非政府组织的数量已经达到了300万。①

社会组织的发展和消费者喜好的演变同样与社会价值观的变化和通信技术的发展相互影响。通讯技术的发展席卷了整个国家，有时引发了公民的激进行为。2011年4月，北京一位宠物关爱者安利冬想出了一个阻止人们在火锅店吃狗肉的计划。他在高速路口的收费站等待将狗运送到饭店的卡车，因为他知道这是贩狗运输车常走的路线。有一次，他发现了一辆装满狗的卡车，他随即把车灯打开，拦下了这辆卡车，并在微博上发布了这条信息。随后，200位市民回复并加入了他的阵营，引发了运输公司与动物关爱者15个小时的对峙。最终，李医生动物医院（Lee Pet Vet）和一家动物权利救助组织同意支付运输公司11.5万元买下这一车的狗，随即这些狗被送往中国小动物保护协会收容所。媒体对此事件的报道引起了全国范围对食狗肉这一长期习惯的讨论。②

总之，公民参与国家事务，甚至与国家对质的途径越来越多，

---

① 俞可平：《中国公民社会：概念、分类与制度环境》，载《中国社会科学》2006年第1期。

② "Dog Rescue Sparks Pet Law Debate," April 19, 2011, http://english.sina.com/china/p/2011/0418/369318.html? utm_ source = twitterfeed&utm_ medium = twitter&utm_ campaign = DTN + Fashion.

较之20世纪70年代，公民在经济上更加独立，更加自由，更容易获取资源。价值观、生活方式和道德规范的多样化使公民的私人领域逐渐出现并扩大。这些变化使中国社会更加复杂，如今人们已深知，国家干预不再是一种简单或者直接的办法。

逐渐发展的制衡机制

从历史上看，中国的政治体制一直以来被认为是单一的，缺少任何制衡机制。然而，历经30年的演变之后，在权力制衡和权力转移方面发生了一些变化，尽管这些政治变革不如经济下放或者前文所述的国家与社会关系的转变那么明显。

首先，对国家权力的制衡来自于长期蛰伏的人民代表大会。在人民代表大会中，弃权票和反对票越来越多。由于人民代表大会的代表是由共产党挑选的，因此，代表不应当与行政部门或与党之间产生分歧。的确，最近几十年来，人民代表大会都自动通过了中国共产党的决议。然而，20世纪90年代以来，人民代表大会在对几乎所有重要议案进行投票时，都出现了一些弃权票和反对票。例如，1992年3月，全国人民代表大会就三峡工程投票时，近三分之一的代表投了弃权票和反对票①，占所有投票的比重达到了前所未有的水平。在地方，越来越多的党所提名的候选人要接受地方人民代表大会的投票选举。② 尽管总的说来，立法机关与行政部门和党的立场是一致的，但投弃权票和反对票如今似乎已成为立法过程的一种常态。

---

① 赖仁琼：《科学的论证，民主的决策》，载《人民日报》1992年4月4日。
② 例如20世纪90年代中期，南部县4名县长提名人，2003年岳阳市市长提名者，以及2002年抚顺市市长提名者。（参见http：//new.sina.com.cn/c/2004-10-02/20314483782.shtml）

其次，尽管司法尚未独立，但其专业性日渐增强。一直到20世纪80年代末，法官和检察官主要由缺乏正规法律教育的退伍军官担任，也因为这样的背景，他们在判案时更倾向于使用政治标准，而非法律标准，造成人民对司法产生高度怀疑。随着90年代中期用人机制的改变，受过高等教育的法官和检察官逐渐开始代替从退伍军官转业过来的法官和检察官。与此同时，从90年代初开始，律师在社会中的地位也随着律师事务所的改制发生变化。如今，大多数的律师已经成为自由职业的专业人士，他们的声望取决于为客户利益进行辩护的能力。因而，法庭辩论越来越激烈，越来越专业。然而，由于地方法院仍然是地方政府的一个组织部分，因此司法独立的主要问题仍然是：地方法院的预算和人事都取决于地方政府。

第三，公民现在拥有更多的权利来制约国家权力的行使。20世纪80年代末以前，公民在面对政府不当行为时，几乎没有法律手段可供使用。1990年，行政诉讼法的实施赋予了公民起诉政府组织的权利。在最初的几年中，每年全国约有1万件公民起诉政府部门的案件，到了2009年，这个数字已经稳步增长至12万件（参见图1-4）。调查数据显示，在这些案件中，公民胜诉率约占30%。[①] 从2000年代中期起，开始出现中央政府部门败诉的案例，例如2004年国家工商总局败诉的案例，2005年国土资源部败诉的案例以及2006年财政部败诉的案例。[②]

1994年通过的国家赔偿法规定，国家应对在行政诉讼中胜诉

[①] XieShenghua, "An Interview with Wang Xiuhong, the Chairperson of the Court for Administrative Cases in the Supreme Court," *People's Court Daily*, April 1, 2004.

[②] Yang Tao, "The Three Connotations of the Finance Ministry's Loss in a Legal Case for the First Time," *China Youth Daily*, September 2, 2006.

的公民给予补偿和赔偿。该法律进一步约束了政府部门,使得它们在处理与公民权益有关的事情时更加谨慎。一个众所周知的国家赔偿案例发生在 2005 年湖北省。佘祥林被以杀害妻子的罪名判处 14 年有期徒刑,但在他的妻子重新出现后获得释放。之后,佘祥林对误判提起诉讼,法院判决金山县政府应赔偿佘祥林人民币 46 万元。①

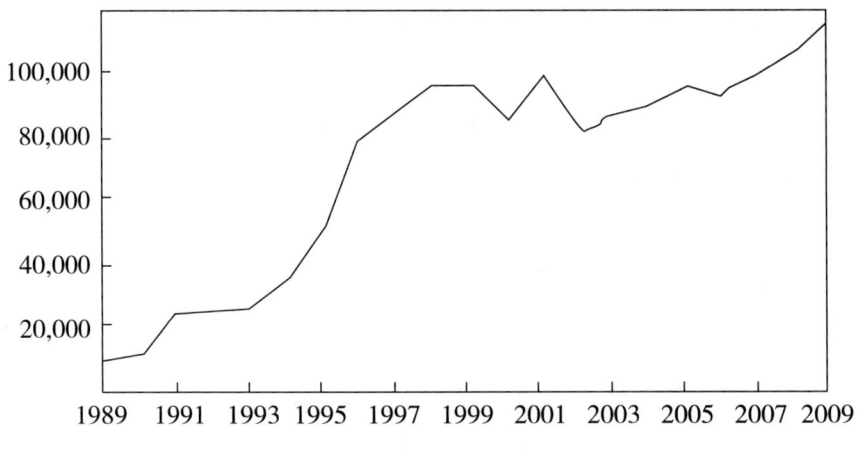

图 1-4　1989—2009 年公民起诉政府组织的行政诉讼案数量

数据来源:1997—2009 年数据来源于《中国统计年鉴》,中国统计出版社;1989—1996 年数据来源于《中国法律年鉴》,中国法律年鉴社。

1997 年刑事诉讼法修正案也增加了公民的权利,取消了"有罪推定"原则,因为"有罪推定"原则容易造成刑讯逼供。尽管如此,"无罪推定"原则还未写入刑事诉讼法。

最后,乡镇一级半竞争性选举的发展同样可以制约政府行为,我们将在第三章当中详尽阐述。共产党领导的国家选举通常是等额

---

① Hu Xinqiao, "A Court in Hubei Gives a Verdict on the She Xianglin Case for State Compensation," *Legal Daily*, September 1, 2005.

选举，候选人之间不存在竞争，人们除了接受党提名的候选人以外别无选择。尽管候选人并不是来自于执政党和反对党，而是来自同一个政党，或者无党派，但在半竞争性选举中，公民可以在多个候选人当中进行选择。这种半竞争性选举的开展意味着地方官员在决策时，不得不更多地考虑居民的需要。这种自下而上的变化也意味着地方政府在与上级政府的关系中，拥有更大的自主性。此外，竞选可以促进公民之间的横向联系，为社会互动提供更多的平台，并有可能加强地方一级的协商进程。

权力转移的制度化

选举民主的一个好处是这种制度可以促进权力的和平转移。然而，在苏联和大多数其他前社会主义国家里，权力持有者都尽可能久地抓住权力不放，他们或死在任上，或是在残酷的政治斗争中去职。20 世纪 70 年末以前的中国也是如此。

20 世纪 80 年代初，中国领导人作出将权力持有和权力转移制度化的重要决定。如今，各级官员最多只能任职两届，每届任期五年。制度化的过程极其艰辛，中间也出现过波折，但是在 90 年代末期，制度化逐渐形成。1997 年被视为中国权力最高一层——政治局常委层次的权力和平更替，没有发生激烈的政治斗争。2002 年，整个政治局常委又一次作出了和平更替。2007 年，又有部分政治局常委进行了更替。表 1-1 显示了 1997 年以来权力和平更替的规模，以及中国共产党通过可预见性和制度化的进程吸纳年轻委员进入常委的能力。

表1-1 1997年以来权力和平转移比率

年份	政治局常委（7或9名）	政治局（20—25名）	中央委员（190名）	中央候补委员（130名）
1997	2/7	50%	-	-
2002	6/7（包括总书记）	70%	约50%	约50%
2007	4/9	40%	约50%	约50%

注：该表由赖海榕编制。数据来源于中国共产党官方网站提供的党代会数据库（www.people.com.cn）。

-意为无数据。

权力转移制度化的成功，主要源于两个方面的因素。一个因素是中国共产党精英阶层的政治意志，特别是以邓小平为代表的中国共产党领导阶层认真吸取了"文化大革命"及其之前中国共产党历史上几次政治灾难的教训。另一个因素是在权力转移中，发动群众的需求和可能性降低了。这是因为，政治与经济的分离和国家与社会的分离日益显著，这种分离逐渐削弱了潜在的领导人采用以前发动群众做法的可能性和合法性。

意识形态重组

国家、经济和社会之间发生的根本变化还包括国家意识形态从"毛泽东思想"到"中国特色社会主义"的逐步演变。这种演变包括至少六个方面。

首先，中国共产党和政治体制的使命（其合法性的来源）从阶级斗争和确保无产阶级专政的纯粹性转变为确保经济发展和社会稳定。这种转变引发了制度重建，鼓励个人的经济首创精神，调和各种利益以实现社会的和平与和谐。

其次，执政党对外部世界的认识发生了根本性的变化。尽管中国共产党对外部世界的怀疑依然强烈，但外部世界逐渐被视为一种潜在的伙伴，中国能够在和平互惠的关系中获益。2000年以前，这种互利的伙伴关系还仅限于经济领域。但是近来，伙伴关系已经延伸到了政治领域。显然，尽管中国政府与其他国家仍有敌对和不信任的事件发生，但中国共产党已经在认识上认可了这种转变。2002年党的十六大报告提出了"政治文明"的概念，显示了中国共产党对发达国家政治体制优点的理解。2002年，修正后的党章删除了"社会主义必然代替资本主义"的表述。2007年党的十七大大报告再次肯定了社会主义和资本主义和平共处和相互学习的主张。

再次，随着对资本主义态度的调整，政党国家对社会主义的理解也得到了发展。20世纪90年代之前，公有制、计划经济和按劳分配被认为是社会主义的根本特征。90年代初期以后，中国特色社会主义的根本特征至少包括多种所有制并存（保护私有财产权在2004年写入宪法修正案）、市场经济以及允许从其他来源获得收入的多种形式的分配方式。

第四，中国共产党的定位有所变化。根据2002年以前党章的定义，中国共产党是中国工人阶级的先锋队。最新修订的党章规定，中国共产党不仅是工人阶级的先锋队，而且还是中国人民和中华民族的先锋队。总之，中国共产党从一个阶级政党发展成为一个包容的政党。中国共产党同样期望能够发展成更加开放的政党，从而在一定程度上反映出中国社会日益复杂和多样的现状。毛泽东和邓小平领导下的前两代中国共产党党员主要来自于军人和农民，他们是共产主义革命的主力军。江泽民和胡锦涛领导下的第三代和第四代中国共产党最高领导层中，受到良好教育并主修工程技术的领导人越来越多。继任胡锦涛的第五代领导人以及2012年后主政的其余领导核心成员甚至拥有更加多样化的背景（包括阶级、年龄、出生地以及职业），其主修专业涵盖了法律、经济以及其他社会学科。

第五，政治价值也在发生改变，在某种程度上讲，这是源于中国与国际社会的互动和对话愈加深入。一个重要的例子是，人权在20世纪90年代以前被视为是一个反革命的概念。1991年，中国发表了第一份人权白皮书，慎重地阐述了"人权状况的发展受到各国历史、社会、经济、文化条件的制约，是一个历史发展的过程"。① 2004年，保护人权被写入宪法修正案第2章第33条，其中指出"国家尊重和保障人权"。这意味着维护人权的实践已落后于宪法正式规则的改变，也可以看出进步的取得是十分艰难的、缓慢的、曲折的。2009年中国首次颁布了《人权行动计划》，并指出"实现充分的人权是人类长期追求的理想，也是中国人民和中国政府长期为之奋斗的目标"。然而，由于没有实现《人权行动计划》中承诺的众多目标，中国在2011年遭到了批评。②

最后，权力行使的方式也在发生转变。20世纪80年代以前，权力的行使基于革命家引导下的革命理论。80年代后，执政精英开始用"法治"取代"人治"，他们认为法律是管理国家和社会更为有效的手段。然而，政党—国家却逐渐倾向于通过主要政府部门的重组以及法律法规来实现对社会的管理，这有点像是一种现代的官僚

---

① White Paper on Human Rights, Information Office of the State Council of the People's Republic of China, 1991, http://china.org.cn/e-white/7/7-1.htm.

② Human Rights Watch, "Promises Unfulfilled: An Assessment of China's National Human Rights Action Plan," 2011, www.hrw.org/en/reports/2011/01/11/promises-unfulfilled.

制国家，这种发展更像是法制的发展。① 也就是说，尽管权力的行使日益依据于法律和法规，但法律仍是一种工具而不是治理的理念。行之有效的治理方法要求其他的参与者，如公民能够让国家承担责任并可以依靠法律保护自身权利，这便是法治，而非法制。② 诚如前文所述，这种转变进展缓慢，大多数观察者认为中国目前仅是法制社会，而不是法治社会。

预测中国未来

在所有改变中国政治发展的新实践、结构、法律和价值观当中，一些已经在社会中深深扎下根来，但大多数仍然比较简单、脆弱，具有局限性。这种混乱的转型进程使得新旧因素同时存在于众多领域，无论我们选择哪种因素，都会看到矛盾。例如，儒家教义与社会主义和资本主义并存；新引入的规范与在中国不同地区得到实际执行的程度存在着差距；地区内以及地区之间收入和社会差距正在扩大；甚至是执政精英也来自于不同的背景和利益群体。因此，每一种对中国的判断和预测都能找到支持自己观点的案例。我们如何能够在种种矛盾因素中，提炼出对于中国相对平衡的理解呢？

我们应先了解主流的中国问题专家是如何透过对中国社会、经

---

① 如欲了解2002年主要政府部门重组及其所带来的影响，参见Dali L. Yang, *Remaking the Chinese Leviathan: Market Transition and the Politics of Governance in China*, Stanford University Press, 2004。

② Thomas Carothers, "Promoting the Rule of Law Abroad: The Problem of Knowledge," Carnegie Endowment for International Peace Working Paper 34, Rule of Law Series, Democracy and Rule of Law Project, Washington, January, 2003.

济和政治生活的观察,理解中国存在的巨大的差距和改革的力量,并预测中国发展轨迹的。这些研究大体可以分为以下四种观点①:

弹性威权主义论:通过制度创新,中国现有体制正在成功地适应全球化和经济增长所带来的变革;

崩溃论:由于无法控制激增的社会矛盾,中国现有体制从本质上将难以维持;

民主演变论:经济增长和市场体制的确立将使中国走向政治改革,最终实现中国式民主;

陷入困境的转型论:中国的政治改革会遇到众多阻碍,中国现有体制将在改革进程中"陷入困境"。

弹性威权主义

黎安友(Andrew Nathan)认为中国体制是具有弹性的(因此称之为"弹性威权主义")。他指出,中国已经成功地从极权主义体制转型为威权主义体制。伴随着制度化和合法化的发展,这种威权主义体制将愈加稳定和牢固:

——诚如前文所述,政治更替的过程依据的是公认的准则,而非权力的滥用。

——领导的选拔越来越依据领导干部的任用标准,而不是依靠内部的指定,这一变化始于邓小平制定的干部队伍"四化"方针,强调任用的干部不仅要革命化,还要年轻化、知识化和专业化。随着对个人崇拜的逐渐淡化,干部的选拔不再依靠是否对个人忠诚,

---

① 此分类借鉴于 Minxin Pei, "Is China's Transition Trapped and What Should the West Do about It?" www.fljs.org。

领导干部的任用标准成为选拔党内最高领导的依据。

——随着时间的推移，职能部门不仅具有专业知识，树立了技术权威，而且正逐渐承担国家的具体工作，反映了官僚体制愈加专业化。[①] 党中央、国务院、全国人民代表大会、军队以及省级政府的角色和责任得到了大大细化。黎安友指出："职能部门在处理事务时通常不仅不会受到任何干扰，而且逐渐达成一种共识，那就是任何干涉都将是非法的。"[②]

——允许公民参与国家事务的体制创新不仅使公民发泄了不满情绪，而且增强了中国共产党的执政合法性。我们之前提到的允许公民起诉国家的行政诉讼法便是一个实例。

沈大伟（David Shambaugh）对中国共产党演变的权威性分析同样认同这一观点。他认为，中国共产党众多成功的调适预示着中国共产党将会拥有相对较长的执政时间，但同时我们也能看到中国共产党收缩的迹象。[③] 总之，这种观点认为，中国成功地适应了变化的环境，构建了一个与全球化和现代化相适应的威权主义国家。

崩溃论

持反对意见的观点认为，由于腐败和道德腐化，中国共产党党内实际上非常脆弱，在很大程度上失去了执政的合法性。虽然经济

[①] 如欲详细了解中国现代化监管发展的评价，参见 Dali Yang, *Remaking the Chinese Leviathan: Market Transition and the Politics of Governance in China*, Stanford University Press, 2004。

[②] Andrew Nathan, "Authoritarian Resilience," in "China's Changing of the Guard," Special Issue, *Journal of Democracy*, 14, No. 1 (January 2003): 11.

[③] David Shambaugh, *China's Communist Party: Atrophy and Adaptation*, Washington: Woodrow Wilson Center Press, 2009.

增长率依然维持高位，但大量的国有企业仍给国家的经济带来压力，削弱了国家竞争力。银行并不是服务于市场需求，而是被国家用来当作使资金从国家流向国有企业，进而控制金融部门发展的工具。地方社会的抗议和公民表达不满的事件逐渐增多，体现出现有体制仍处在压力之下。然而，国家并没有对公民的不满情绪采取任何补救措施，而是在大多数情况下选择运用威权的强制手段维护权力，进行压制。因此，这种观点认为中国共产党无法承受政治和经济方面所带来的冲击，面临着崩溃。[1]

民主演变论

坚信中国未来必然走向民主的学者认为，市场改革和市场体制的建立将会为中国的政治自由化铺平道路，中国大陆会同台湾和它的邻国韩国一样，最终实现民主。[2] 民主体制需要的是经济的高度发达，法治的实现，对权力滥用的严格限制，以及对私有企业和公民权利的保护。这种观点坚信，随着中国经济与全球市场的不断融合，民主价值观将会在中国传播开来。这些力量将会与不断壮大的中产阶级结合起来，向执政精英施加改革的压力。本书所涉及的一些体制上的变革，比如权力更替规则上的变化、半竞争性基层选举的出现以及立法和司法独立性的逐渐增强都可以被视为中国未来可能发生政治改革的迹象。

---

[1] Gordon Chang, *The Coming Collapse of China*, New York: Random House, 2001.

[2] Robert Wade, *Governing the Market: Economic Theory and the Role of Government in East Asian Industrialization*, Princeton University Press, 1992; Randall Peerenboom, *China Modernizes: Threat to the West or Model for the Rest?* Oxford University Press, 2007; Suzanne Ogden, *Inklings of Democracy in China*, Harvard University Press, 2002.

陷入困境的转型论

以裴敏欣为代表的最后一种观点认为,中国渐进主义的改革方法有可能使民主转型半途受阻,不能实现完全的自由化。中国不会实现真正的民主,主要包括如下几个原因。首先,执政精英受益于现有的威权主义体制,他们可以利用经济增长的成果抑制政治自由化,消除潜在的竞争者。也就是说,经济的增长并没有施加,反而减轻了政治改革的压力。此外,渐进主义的改革方法阻碍了政治的发展,因为执政精英最主要的目的是维护权力,为了达到这个目的,他们甚至可以付出限制经济增长或者降低效率的代价。出于自身利益的考虑,执政精英只会开展渐进改革和边际改革,避免利益丰厚的企业处在激烈的竞争之中,从而维护他们对权力的垄断。在地方,责任机制的缺失,行政财政权力的下放,对社会团体的压制,以及民间团体缺少法律上的独立性,这些都为党和政府官员肆无忌惮地腐败创造了条件。中央无法监督控制体制内这些精英的腐败,由此正在导致改革的停滞。上述所有的这些因素使中国处在"部分改革均衡"(partial reform equilibrium)之中,既不会走向民主,也不会导致崩溃。[①]

"摸着石头过河"

陷入困境的转型论和崩溃论认为,本书详尽阐述的中国政治试

[①] Minxin Pei, *China's Trapped Transition: The Limits of Developmental Autocracy*, Harvard University Press, 2008.

验不可彻底，因为这种试验不能改变政治精英对权力的垄断，或是因为这些试验仅仅代表着对边缘问题的修修补补，不能应对中国所面临的那些巨大的挑战。尽管弹性威权主义论和民主演变论对中国最终发展状态的判断不尽相同，但这两种观点都认为，中国的渐进主义改革方法正在解决这些问题，或者正在向解决问题的道路上前进。这些观点反映出人们渴望了解这个庞大且重要的国家的未来。他们审慎思考，挖掘信息，尝试从纷乱复杂的线索中编织出易于被人理解的故事，比如中产阶级的崛起、服务需求的增长以及中国国内困境的规模，从而影响中国的未来发展轨迹。

然而，中国的未来很有可能是无法预测的。这主要是因为中国的历史、面临的巨大困难和发展以及快速迈向现代化的国际环境都是独一无二的，也是前所未有的。即使是前面提到的那些深刻并兼具思想性的分析家的观点也不能完全令人信服，尤其是他们的观点相去甚远。尽管在理论上，中国未来的道路看起来充满着分歧（例如，威权主义与民主），但在实际上，这些观点交织在一起，包括威权主义与民主的交织，以及对中国适用于何种改革类型的深度和广度探讨的交织。本书并非尝试预测哪一种影响中国未来政治走向的观点将会获胜，而是探讨中国自身尝试影响未来发展的方式。

通过探究中国自身开展的众多试验，如政府机构精简、半竞争性选举机制创建、社会参与度提高以及政府信息公开制度的建立，我们可以发现众多利益集团和组织应对中国目前存在的巨大社会压力的方式。这些压力包括保持经济增长和改革的迫切性，满足新信息技术带来的挑战和机遇所提出的需求，以及在公民拥有更多话语权和自主权的同时，满足他们日渐增长的多元化需求的压力。本书将在之后的各个章节中，分别对每一种改革进行阐述。每一种改革创新不仅会带来自身的成功与挑战，而且还可以在不同程度上为中央政府所采纳。

行政改革

本书第二章将重点阐述政府改革的本质。为了适应现代经济和社会的要求，自 20 世纪 90 年代末，政府开始致力于精简政府机构及行政程序。比如，我们提到地方政府尝试进一步规范审批程序，使政府官员的思想从命令群众转变到服务群众。这些改革最初是地方政府为了推动投资与经济增长而开展起来的，并且由于地方之间存在着投资竞争，这些改革很快被其他地方政府所采纳。在国家层面中，随着中国加入世界贸易组织（WTO），中央进一步鼓励和支持政府机构提高办事效率。此外，行政改革同时旨在打破地方精英掠夺成性的寻租行为，换句话说，改革的目的还在于抑制存在于中国各级政府的大量腐败现象。

治理改革的关键在于行政审批，因为行政审批改革可以提高政府机构的服务效率并抑制腐败。这两方面的成功对于中国共产党能否继续执政而言至关重要，它可以巩固党的执政合法性，在一定程度上改变党的执政基础。然而，尽管中国仍然缺乏民主，但是行政权力的精简意味着这是不同于 1980 年以前威权主义的重要举措。加强对行政审批的监管意味着中国出现了内部制衡机制，虽然中国仍然缺乏诸如自由选举等更为广泛的责任政府机制，但这一做法仍在一定程度上推进了责任政府的发展。从某种意义上讲，这些试验是成功的，但同时也揭露出在限制国家权力的行使并使之制度化的道路上仍存在着巨大的问题。在一些地区，行政权力已经得到了限制，但在其他地区，政府仍具有统治地位。这反映出改革者与那些试图扩大官僚体制权力的保守派仍存在着内部的斗争。

然而，即使行政改革取得了巨大成功，它的作用也不一定仅限于对现有政治体制的支持。如果公民逐渐习惯于要求政府进一步增加透明度和责任意识，那么改革或许会带来一些意想不到的效果。行政改革使人们认为，政府应该服务于民，而不是高高在上。因此，行政改革也改变了国家和社会的关系。这些改革强化了一种趋势，那就是公民越来越独立并有越来越多的需求，他们希望拥有更多的权利要求政府对其自身行使权力的行为负责，同时这些改革也可以阻止地方精英的腐败。

在这里，我们需要考虑的一个更重要的问题是，这些行政改革能否持续，从而解决日益现代化的中国在建立可持续的治理体制中所面临的众多问题。从长远来看，在政治体制的其他领域没有进行改革的情况下，行政机构精简能够取得何种程度上的成功？随着中国从贫困国家走向中等收入国家，经济的高速增长一定需要行政上的改革。但是，对中国愈加复杂的经济和社会进行治理需要建立负责、参与和透明的机制，这种机制能否在改革中建立起来呢？

选举改革

本书第三章将探讨旨在发展中国选举实践和选举机制的改革。中国独特的双重权力结构同时涵盖了党和政府。与其他那些政府与政党分立的国家相比，中国共产党的党内改革对政府机构具有更为深远的影响。除众所周知的乡镇基层选举之外，本章重点阐述了中国共产党在治理改革中开展的其他类型的选举试验，分析了中国目前的治理方式以及未来的发展。此外，本章还将对中国共产党自身在民主化进程中开展的试验、政府主导下的群众组织（又被称为GONGOs或政府主导下的非政府组织）的选举改革，以及乡村上级组织，即国家正式行政层级乡镇一级的半竞争性选举进行探讨。

被政党—国家体制边缘化的竞争性选举通常被认为是传统共产主义体制中最不可能发生的事情。然而，尽管发展速度非常缓慢，但半竞争性选举在越来越多的乡村开展起来，并延伸至乡镇一级。

引入半竞争性选举的目的在于平复民众的不满情绪，提高地方官员的责任意识。当地方党委书记既要面对经济资源的匮乏，又要抚平愈加独立、心存不满的地方群众时，分享权力的做法是他们不得已而为之的举措。然而，贯彻执行竞争性选举意味着要部分放弃任命官员的权力。因此，每一个决策者总是试图在维护地方官员权力和地方官员对群众的责任感之间寻求平衡。维护重要权力的愿望（任命下级官员的权力）和在中国政治体制中形成更加有意义的责任制度的需求之间存在矛盾，中国开展的众多半竞争性选举试验以及阻止该试验被采纳的力量都加剧了二者之间本已存在的紧张状态。

对于中国共产党而言，限于党内自身的选举显然比有公众参与的选举更有把握。中国共产党所提出的党内民主不一定足以推进整个社会的民主进程。但是，党内民主似乎的确既有助于使党的权力结构从传统纵向结构发展为横向负责的结构，又有助于使中国共产党了解竞争性选举。

与政党—国家体制下政府的谨小慎微态度相比，社会对竞争性选举则抱有非常大的兴趣。大量媒体，特别是新媒体对众多半竞争性选举的报道便可以体现出这种热情。独立候选人的境遇考验着地方官员的行为，有时独立候选人遭到地方官员的报复，引发了众多媒体的广泛同情和报道。这些事件的报道和公开讨论反映出中国呈现出一种前所未有的活力，暗示着中国政治文化的悄然改变。

社会组织

本书第四章将阐述地方政府与社会团体和政府主导的非政府组织的相处之道,以及社会团体自身的发展变化。直到近来,中国在社会团体的组织方面几乎没有取得任何进展。社会利益主要集中在妇联、工会等政府组织的社团当中,这些社团,其目的是为了确保社会管理,实现政府主导的社会目标。因此,对于那些非政府主导的团体组织而言,允许它们组织和制衡国家权力的政治空间非常有限。

然而,由于中央权力向地方下放,中国治理体制具有不稳定性以及国家对社会监管放松,公民便有机会组织各种类型的社会团体,如运动俱乐部、宗教协会等,找到参与政策制定和政策实施过程的契机。① 与此同时,国家(特别是地方政府)无法独自应对愈加凸显的社会问题和环境问题;独立的社会团体数量愈加庞大,逐渐产生了服务社团成员利益的竞争力;随着国家机构、企业、社会组织以及国际社会组织之间沟通协作的逐渐发展,透明、责任和参与的规范日益普及。这些新的挑战都促进了国家与群众组织的重新合作。

本章将探究缘何社会组织的发展对于理解中国政治的发展前景至关重要,并阐述政府管理社会组织及其活动的众多改革案例。在实现社会目标的过程中,中国社会在组织和实施集体行动方面的能力达到了何种程度?社会组织和社会网络能否清晰地表达、整合并

---

① Andrew Mertha, "'Fragmented Authoritarianism' 2.0: Political Pluralization in the Chinese Policy Process," *The China Quarterly*, 200 (2009), pp. 995-1012.

代表社会的各种利益？随着政策的革新（其他章节已经得到了验证），这一领域的改变必定伴随着利益的竞争。在过去十几年中，政党—国家体制为实现它所定义的集体利益，一直在尝试引导社会组织的力量，但同时也在警惕任何可能对党的执政造成威胁的社会组织。

社会组织很难发展成为制衡国家权力的自治组织，或者很难通过宣传和批判等手段挑战中国共产党的一党执政体制。人们逐渐认可社会组织提供了社会服务，也认可政府主导下的非政府组织既承担着国家机构的传统角色，同时又面临着服务成员利益的压力。社会组织的繁荣会为经济和社会稳定带来积极影响吗？它会有助于弹性威权主义的发展吗？还是随着社会拥有更多的权利建立保护成员利益的组织，社会组织的繁荣会导致政治自由化吗？

无论地方政府，还是中央政府都没有流露出任何放松对社会组织监管的迹象。但实际上，社会组织参与社会事务和与政府谈判的空间远远大于在形式上的规定。国家和社会的关系不断变化使得分析工作难以深入，因为我们不得不绕开各种干扰因素，去探究不断变化的目标的本质。尽管政府主导下的非政府组织对政权毫无威胁，但它仍具有潜在的政治影响力。服务的提供者常常会演变成为提倡者，因为他们能够掌握问题出现的全面原因，而这些问题正是他们所努力改善的。除此以外，有效的集体行动惯能顽强持续，比如从物业管理委员会的运作中学到的技能和规范可以用在目标完全不同的组织中。

透明度：从地方试验到国家条例

本书第五章探讨了当地方试验发展成为国家法规时所面临的情

况，阐述了在这一过程中所遇到的挑战。同所有国家的政府一样，中国政府也极为理解全球信息技术革命所带来的政治和经济影响，极为理解这一革命对有关知情权的规范带来的改变。20世纪90年代后，许多地方，如广东省和上海市开始尝试制定知情权的各种规章，要求政府提前或根据公民需求公开政府信息。此外，政府还致力于进一步增强人大工作的公开度和透明度。2008年5月，《政府信息公开条例》开始实施。

　　本章阐述了信息公开条例从地方试验发展为国家条例时所发生的改变。广州和上海等城市作为信息公开条例的地方试点城市，为中央政府了解透明条例在地方产生的价值提供了参考。然而，国家条例却在一些关键方面受到了限制。与地方版本不同，《政府信息公开条例》不再赋予公民知情权，反而把保守秘密当作惯例，把公开信息当作法外开恩。

　　此外，本章还进一步探讨了新的国家条例如何在中国权力下放结构中得到贯彻执行，并强调条例的有效贯彻实施为国家内部和国家与社会的关系带来了重要的变革。在国家有力的领导和公民及社会的积极参与下，条例在一些地方得到了相对快速并有效的执行。然而，由于条例执行与否取决于各个地方政府，因此在那些养尊处优的腐败精英所在的地方往往不可能看到有何进展。所有改革在从地方提升至中央时，都会遇到同样的挑战，这种挑战还关系到我们所观察的各种类型的改革潜在影响国家治理架构的方式。

　　诚然，中国政府信息透明条例所处的框架与民主治理体制不尽相同。这些法规改变了众多参与者的动机，也通过一些预料之外的途径带来了潜在的影响。一方面，如果信息公开的主要影响在于减少腐败和提高行政效率，那么信息公开条例可以提高中国共产党执政体制的活力；在政党—国家体制中，公开和控制往往存在着矛盾，如果政府不会因此而取消透明机制，那么行政效率的提高还可以增强中国共产党的执政合法性。与此同时，政府信息公开条例还赋予公民、社会精英和社会团体更多的权利，允许他们利用条例所带来的空间，提高自身利益。当这些群体依据条例的规定，不断推动国家进一步发展责任机制的时候，信息技术和社会网络的全球普及正在改变世界范围内动员公民的方式。但我们现在仍不清楚，即使透明条例能够得到全面贯彻执行，它能否跟得上社会媒体的发展。

摆在我们面前的并不是一条笔直的道路，而是许多条蜿蜒曲折的道路。然而清楚的是，《政府信息公开条例》赋予众多利益组织更多的权利，这正在深化中国威权主义和民主力量之间的争论。

中国试验不可预知的道路

本书最后一章将对所有政治改革的尝试进行剖析，探究这些尝试对中国长期政治发展带来的影响。改革会促进民主体制的发展，还是会维护巩固中国共产党的执政呢？所有的这些改革都身处世界这个大背景之下，因此理解中国发展道路的挑战更加复杂。经济与文化的全球化从某种程度上依赖于新媒体和信息技术的发展，或许会在此基础上形成政治组织的新机制。随着全球化的到来，交流逐渐跨越了国境，信息交流的激增影响并改变着公民的品味、见解、价值观、行为准则和期望。由于"军备竞赛"① 的发生游离于国家控制和技术的不断发展之间，而市民在不断努力避免这些控制，因

---

① 原文为"armsrace"，使用引号的用意为将技术竞赛类比为军备竞赛。

此信息技术的潜在影响是难以预测的。

即使从更为宽泛的层面来看,我们也要应对经济增长和政治改革这对模糊且极具争议的关系。虽然经济增长或许会减轻政治改革的部分压力,但是市场又会在其他方面为变革施加压力。谁获益于经济的增长以及这个过程具有的包容性是重要的问题。无论地区之间(例如东部发达城市与西部落后的内陆省份),还是城市内部,不平等的现象日益凸显。农村人口不断向城市流动,老龄化人口结构以及疾病所带来的负担都使得被边缘化的群体不能享受社会服务,也几乎没有发泄自身不满的渠道。与此同时,经济的持续增长使中产阶级的规模逐渐壮大,他们对国家的要求也日益增多。近来一项关于威权主义的研究指出,大多数国家由于没有进行政治改革,从而使经济无法继续发展,停留在中等收入国家的水平。① 如果真的如此,那么我们就有理由认为,尽管经历了30年经济的高速发展,中国经济仍有可能在不远的未来不再景气。中国会是一个例外吗?② 如果是,这又是如何发生的呢?

本书并没有对中国未来的某种发展结果进行预测,而是深入分析了推动中国向不同方向发展的各种激烈的讨论,并阐述其思想脉络。中国政党—国家体制在社会经济快速转型中,努力应对着各种治理挑战,然而一些有趣的思想碰撞和新的想法并没有出现在北京,而是在乡镇。尽管这些政策试验预示着中国未来发展的体制类型,但是中国的试验者和特别的改革方法却一直反对这种简

---

① Cheng Li (ed.), *China's Emerging Middle Class: Beyond Economic Transformation*, Brookings Institution Press, 2010.

② Timothy J. Kehoe and Kim Ruhl, "Why Have Economic Reforms in Mexico Not Generated Growth?" Working Parper 16580, Cambridge, Mass.: National Bureau of Economic Research, 2010, www.nber.org/tmp/11815-w16580.pdf.

单的判断，因为地方试验所能产生的影响力同样取决于北京方面的反应。

每种政策试验的起因以及每种改革能够被中央接受的程度严重不均。行政机构精简试验的出现顺其自然，得到了中央的大力支持。然而，中央对乡镇选举却始终处于谨慎观察之中，迄今为止并没有对这种选举的需求和形势下定论。此外，尽管管理社会组织的正式条例依旧严格，压制社会组织事件时有发生，但在实际上，地方、国际以及政府所属的各种形式的非政府组织依然存在，并且参与到政府处理一系列问题的过程之中，显露出政党国家内部在如何应对这些问题方面存在着根深蒂固的矛盾。尽管增加透明度的试验得到了中央的支持，但国家一级信息公开政策的力度却没有达到广州和上海等地方政府的水平，也没有明确公民知情权等原则。国家条例的执行过程也进一步揭示出地方创新向更高层面推动过程中存在着挑战。改革的不均发展产生的不是一条单一的发展道路（比如民主化或是弹性威权主义），而是一些交叉重叠且相互竞争的发展力量。

因此，在最后的结论章节中，我们从每种试验领域中梳理出论证的脉络，并指出一系列值得密切关注的政策领域。我们希望本书带给读者的不是对中国未来的预测，而是提供一种思考框架，在这个框架中，我们可以探究地方创新与广泛的变革力量相互影响的众多方式，这些力量正在给中国的治理图景带来大规模的转型。

框1-2 新加坡模式?

没有人能够比中国共产党更加关心中国的未来发展。事实上,中国改革的实用主义和折中主义方法也反映出中国共产党的底线,那就是维稳。中国共产党对执政的追求意味着他们乐于从务实主义的角度出发,探究能够解决这一系列问题的方法。通过学习国外的经验,中国共产党选择性地挑选出这些实践方法,并进行调整,之后在国内进行试验。中国共产党聘请分析家去研究世界上各种政治模式,这其中不仅包括共产主义和前共产主义体制,还包括民主体制和一党及多党制度的威权国家体制。

在这项研究中,中国共产党对新加坡一直以来保持着特殊的兴趣。人们常常认为,正如新加坡40多年前那样,中国也将市场经济与一党体制结合起来。事实上,中国自20世纪80年代起,就不断派出代表团学习执政的人民行动党如何维护对权力的统治。中国共产党从这种详细研究中得到的经验是令人震惊的。中国问题学者沈大伟引用了中国学者蔡定剑发表在2005年《中国青年报》上的一篇文章。他在这篇文章中指出,新加坡的政治制度是威权统治下的民主制度。人民行动党五年一次的大选使党对政权的牢固统治成为可能。蔡定剑认为,"失去政权的危险使它一直充满着危机感,督促它时刻不忘人民。这才是它认真为民服务的内在的、永久动力。"

然而,我们认为,考虑到中国的疆域、经济和人口结构,这样的类比并不切实际。主要原因在于,首先,诚如前文所述,中国的行政结构是高度分权和分裂的。与新加坡高度统一并集中的行政部门不同,中国政府不得不处理中央与地方复杂的关系,因为中央政策指令往往通过分散的渠道传达至地方政府,在这个过程中,监管和执行力度薄弱,地方优先性常常与国家政策产生矛盾。

其次，在中国，各个族群分布在不同地区。由于族群数量众多，中国很难实行新加坡的模式。在新加坡，不同族群可以在一起生活和工作，部分原因在于新加坡的公共住宅区实行种族配额制，这种制度使得任何区域都不可能由某一族群主导。而在中国，长期以来的族群认同感都来自于对地域的效忠。

第三，经济的增长刺激了中国国内大规模的人口流动。这种现象所带来的挑战不仅在于农村地区劳动力人口的减少和城市劳动力人口的激增，还在于中国需要应对大量移民人口被边缘化，不能获得社会服务的问题。相比之下，国内人口的流动对于国土面积狭小的新加坡而言不是问题，并且他们严格控制边境管理，审慎处理移民问题。

第四，新加坡和中国的经济结构极为不同。中国农村与城市的经济结构所带来的挑战实际上比新加坡城市—国家经济结构所带来的挑战更为复杂。新加坡经济发展委员会可以通过制定战略决策，推动新加坡经济发展，保持经济的竞争力。然而，中国的经济结构则太过分散。由于实施范围广阔，中国国家政策往往可以引起全球影响。汇率政策就是例证之一。

最后，新加坡的统治阶层是能力强、专家型的政治精英。如同经营大型企业一样，新加坡的统治精英规模不大，便于维系精英阶层的凝聚力。执政的人民行动党党员人数为15000名，而中国共产党的党员人数已经超过了7000万。在如此庞大的机构中维系凝聚力所带来的挑战在世界上都是独一无二的。

除了上述这些区别以外，新加坡在2011年5月举行的大选和同年8月举行的总统大选都为我们提出了一个关于人民行动党如何能够长期执政的有趣问题。2011年的选举同样强调了正式选举在强化执政党纪律以及提供稳定的政治发展框架方面所起的作用。人们称赞2011年的大选是新加坡政治上的转折性事件，因为这次大选为新加坡带来了全新的政治竞争,为政治体制注入了强烈的民主氛围。人民行动党赢得了60.1%的支持率,这是新加坡自1965年独立以来,人民行动党获得的最差成绩。这意味着这次大选使国会中反对党候选人的数量达到了最高(6名,1991年只有4名)。新加坡著名的政治家、外交部长杨荣文(新加坡前贸易与工业部部长、前新闻与艺术部部长、前武装部队参谋长)在他的选区被反对党工人党以54.7%的支持率击败。

除了这些数据以外,还有许多理由可以证明2011年大选的与众不同。首先,候选人的人数和背景发生了变化。候选人中包含了来自于反对党的党员,这些提交合格证书的候选人来自于行政部门以及私人和非营利企业。这些变化反映出公民也在发生改变,他们拥有更多的政治话语权,这挑战了新加坡人政治淡漠的传统观念,也反映出过去常常伴随政治反对派而出现的恐惧之墙正在瓦解。

2011年大选同样也是第一次允许通过YouTube、Facebook和博客等新社会媒体传播政治思想的选举。结果,这些平台上的观点和评论数量激增,一些公民还创建了他们的视频来分享自己的观点,许多组织方式之前从未出现过。尽管这些新动向出现的部分原因无疑在于人口特征的变化(人口特征的变化引起了选民特征的变化),但是,这些表达方式同样与社会经济的复杂性和一段时间以来公民的不满情绪息息相关。尽管新加坡2010年的经济增长率达到了惊人的14.5%,但是医疗保健和住房价格的增长、公路和公共交通的拥堵、领导人的高工资以及移民人口和外国工人数量的激增都成为公民不满情绪的来源,同样也是人们抨击人民行动党的原因。

此外,2011年大选的不同之处还在于选民的愤怒和失望直指人民行动党。人民行动党的候选人认为党历来的成绩是成功并具有竞争力的，而选民则批评人民行动党奉行的精英主义和傲慢自大的执政态度，认为人民行动党没有想普通新加坡公民之所想，应当为过去五年犯下的重大错误而接受考验。随着时间的推移，选民的成分发生了变化，持续的发展也带来了新的社会经济挑战，人们的不满情绪也反映出人民行动党执政合法性来源的变化。

大选三个月之后召开的总统大选再次肯定了新加坡政治格局中所发生的主要变化。尽管新加坡总统没有实权，仅是名义上的国家元首，但是对总统一职的竞争异常激烈，再次激发起质疑人民行动党的执政权力和合法性的广泛讨论。新加坡前副总理陈庆炎被认为是人民行动党的指定候选人，但他仅以0.34%的微弱优势赢得大选。支持率排名第二和第三位的候选人所赢得的众多选票反映出公民政治价值观念日趋多元化，他们对于新加坡的现状并不满意，他们质疑一党执政的人民行动党不能完全代表各方利益。

蔡定剑对人民行动党的分析是否正确仍有待观察。一方面，2011年大选中出现的政治竞争或许预示着新加坡一党执政体制将会逐渐瓦解。另一方面，人民行动党执政能力的下滑或许会给其带来巨大的冲击，人民行动党将认识到党应当恪守纪律，寻求新的发展方式以适应本国不断变化的环境。我们相信，关注中国共产党的分析家们将以极大的兴趣观察人民行动党未来的发展。

第二章　精简国家机器

到1988年，中国的经济改革已进行将近十年，然而，中国企业的生意仍然不怎么好做。比如，上海市宝山区的一家国有企业为了执行合资企业计划，花了15个月的时间到33个行政机构盖了126个印章，还是未获批准，它还得到其他行政部门盖更多的印章才行。大约与此同时，贵州省的一家企业已经花了一年的时间四处办理繁琐的手续，一共签盖了170个审批章。眼看计划好的方案不久就要过期，它不得不花钱寻求捷径。经过40天的奔波，这家企业又签盖了270个印章，才最终获准落实它的计划。①

在20世纪80年代的中国，这样的事情在媒体报道上比比皆是。这表明在中国改革进程的早期阶段，行政效率非常低下。繁琐的规章制度不仅没有效率，而且也助长了腐败的嚣张气焰，导致官僚主义盛行，行政程序不透明，方便了贪腐官员寻租。随着共产主义意识形态重要性的下降，党和政府正大力推动经济发展，但行政效率低下却阻碍了经济发展，不利于党维持其合法权威。政府腐败也直接侵蚀了整个制度的正当性。因此，行政程序改革对于维持共产党的执政地位起着至关重要的作用，已经成了中国领导人的主要政治

---

① 姬建民：《"166个公章"问题》，载《前线》2009年第4期，第166页。

任务。

本章考察中国正在进行中的行政程序改革试验。我们不仅勾勒了全国改革的整体布局，而且也剖析了地方改革的两个典型案例，并评估了改革的影响。

如果要理解行政改革能否为中国提供稳定而有效的治理，应对该国面临的诸多挑战，从而减轻更广泛政治变革的压力，那么对这项改革的影响进行评估是非常重要的。中国的行政改革具有重大的政治意义。改革的背景是，直到20世纪80年代为止，中国都一直维持着全能体制。就此而言，削减行政权力尽管不意味着民主体制的建立，但却是在脱离全能体制的道路上迈出的具有实质意义的一步。要加强对行政程序的监督，就得使国家机器内部分权制衡。即便一个国家没有像自由选举这样更为宽泛的负责机制（负责与选举程序的问题见第三章），分权制衡也有助于增强各个部门的负责意识。

我们在第一章提到，近年来流行一种观点，认为行政改革和办事流程上的革新将使政党—国家能够更加有效地满足人民的需求，从而增强威权政府的弹性。① 这些改革也是为了削弱地方统治精英攫取租金的能力。鉴于腐败是对党和国家的合法性构成最大威胁的因素之一，行政改革若取得成功，就会减轻腐败，确实能够增强整个体制的合法性。② 因此，重要的是要研究行政改革本身以及仅凭行政改革是否足以应对日益复杂的社会的各种需求。

然而，即便各项行政改革都进展得十分顺利，它们对现行政治

---

① Andrew J. Nathan, "Authoritarian Resilience," *Journal of Democracy*, 14, No. 1 (2003), pp. 6 – 17.

② He Zengke, "Corruption and Anti – Corruption in Reform China," *Communist and Post – Communist Studies*, 33 (2000), pp. 243 – 70.

体制也未必只起支持作用，也可能产生某些出乎意料的影响，比如，公民们可能会要求政府提高透明度和增强可接近度。① 由于行政改革改变了国家与社会的关系，结果，在人们看来，政府已不再是发号施令的机关，而是应当尽力去满足人们需要的机构，所以这些改革也可能会走向另一种趋势，即培养更加独立和挑剔的公民。这些公民会认为自己有权让政府对自身的行为负责，也有能力消除地方统治精英的掠夺能力。因而，这些过程也是值得详细研究的。

行政改革的路径

改革之前（即1978年之前），中国是一个由压制自由的行政机器主导的全能国家，没有给公民留下发挥个体积极性的余地。随着20世纪70年代后期经济自由化的开启，党和国家也开始在一定程度上允许公民发挥个体积极性了。但行政主导模式还是保留了下来。如果任何人想建立私营企业，他必须经过官僚机构的层层审批才能实现自己的计划。只是到了90年代中期之后，中国行政机关的压倒性地位才有所削弱。②

但启动了精简行政机器进程的并不是中央政府。在此之前，政府内部早已进行了放权改革。20世纪80年代的改革把编制预算的重要权力下放给了地方，显著地增加了地方官员的决策权。此外，各个层级的政府机关也广泛分享了决策权。这样一来，中国的行政结

---

① 陈振明：《深化行政体制改革，加快服务型政府建设：中国政府改革和治理的新趋势透视》，载《福建行政学院学报》2008年第4期，第7—14页。
② 王宏伟、李红：《我国行政审批制度改革的现状及进一步深入发展思路的探讨》，载《经济师》2004年第1期，第268—269页。

第二章 精简国家机器

构已经达到了高度分权的状态。

这种高度分权的状态导致各个政府部门依据自身的利益行事，常常与其他部门发生冲突，这就是李侃如（Kenneth Lieberthal）所说的"碎片化威权主义"。① 根据碎片化威权主义模式所述，中国政治体系最高权力以下的各个机关是支离破碎、互不联系的。这种破碎的分割状态本是结构性的，现在又随着审批制度改革变得更为严重。20世纪70年代后期开始改革后，碎片化状态也越来越明显，这主要是由四个因素造成的。② 第一，意识形态越来越不重要。各个政府部门在决策时不再参照统一的意识形态标准。第二，随着决策权下放的速度加快，各个政府机关获得了越来越多的自主权。特别是由于预算外收入的出现和扩张，党和政府各个组织的决策行为都愈益着眼于各自的利益。第三，中国的官僚等级制度把职权分配给各个官僚机构造成了这样一种局面，即，各个机构往往要达成一致才能做事，没有哪个机构拥有凌驾于其他机构之上的权威。第四，在等级制中，信息传递也越来越显示出碎片化的特点。下级机关向上级机关汇报时是有选择性的。所有这些因素结合在一起，导致中国的威权政体越来越支离破碎。③

李侃如这些论述碎片化威权主义的论文解释了中央放权的政治影响，这是它们的一个极为重要的贡献。但这些论文依据的是中国

---

① Kenneth G. Lieberthal, "Introduction: The 'Fragmented Authoritarianism' Model and Its Limitations," *Bureaucracy, Politics, and Decision Making in Post - Mao China*, Kenneth G. Lieberthal and David M. Lampton (eds.), University of California Press, 1992, pp. 1 - 30.

② Kenneth Lieberthal and David Lampton, *Bureaucracy, Politics, and Decision - Making in Post - Mao China*, University of California Press, 1992.

③ Kenneth Lieberthal and Michel Oksenberg, *Policy Making in China*, Princeton University Press, 1990.

20世纪80年代的经历,自成稿以来,那里已经发生了很大的变化。中国已经用新办法简化了行政程序,改善了政府和人民的关系。"碎片化威权主义"概念当然还能够解释中国政治方面的许多进展,但并不能解释全部。过去20年来的简化行政审批制度改革提高了中国的治理效率,这也部分地体现在20世纪90年代和21世纪头十年经济的快速增长上。正如上文所述,很多学者面对中国的成功,认为它正在构建一种弹性威权主义体制。[①] 因此,重要的是考察行政改革取得了多大程度的成功,以便更好地判断中国政治的未来前景。

各国政府与人民的关系,部分取决于人们与行政官僚打交道的经验,以及政府制定的规章制度。自20世纪90年代以来,中国的行政审批变化显著,这表现在以下几个方面:(1)删减了规定特定事项需要政府审批的规章;(2)变更了制定和颁布新规章的程序;(3)政府加强了对行政过程的监督;(4)增加了公开性和透明度。透明度问题超出了行政的范畴,将在第五章详加讨论,本章主要探讨简化行政审批和增加行政监督的问题。

在改革之前的全能政府条件下,行政权力无所不在,造成了恶劣的后果。面对这种局面,以邓小平为首的领导层决心实行改革。20世纪80年代,第一阶段的改革允许地方机关、个别国有企业和公民个人发挥积极性。但是党和国家为了保持严格的控制力,便运用行政权力阻止了那些不是由国家发起的活动。在整个80年代,每一个具有首创意义的方案不管多么微不足道,都需要经过官方的审批。要想获得法律要求置办的许可证,就得与几十上百个行政机构打交道,办完几十上百道不透明的手续。正如本章开头的案例所示,私

---

① Nathan, "Authoritarian Resilience," *Journal of Democraly*, 14, *No.* 1 (2003), *pp.* 6 – 17.

人想开办一个小企业需要获得 300 多个印章的许可,也就是说必须取得各层级的 300 多个行政部门的批准,而且走完这套程序也要花费几个月甚至几年的时间。这种事情司空见惯,20 世纪 80 年代和 90 年代的报纸、小说、电影和电视节目都在报道这种繁琐的官僚主义及其对效率的严重制约效应,形成了要求改革的压力。

1992 年后,中国从根本上加快了市场经济改革的步伐。随着计划经济〔亚诺什·科尔奈(Janos Kornai)称之为"命令经济"〕的瓦解,发挥私人积极性不仅得到了肯定,而且也获得了鼓励和便利条件。根本经济制度的这种巨变,为当局改革行政审批制度提供了强劲的动力。过于繁琐的文牍主义与迅速成长的私人积极性之间的矛盾越来越尖锐。要想解决这个矛盾,两者必居其一:要么是文牍主义压倒私人积极性,市场改革归于失败;要么是减少繁文缛节,为充分发挥私人积极性创造条件。但直到 20 世纪 90 年代后期,简化行政审批手续的工作才提上了日程,并带来了显著的变化。[①]

行政改革进程明显可以分为两个阶段。1997—2001 年的第一阶段,主要是地方上积极简化行政手续。2002—2006 年的第二阶段,主要是在中央大力领导之下系统地删减行政审批事项。[②]

行政改革进程起步于地方,主要是因为中央的放权。随着中央下放的权力越来越多,地方上一方面必须承担起治理的责任,另一方面也获得了首先进行改革的实权。20 世纪 70 年代后期实行改革开放之后,经济增长取代了意识形态考虑,成为提拔干部的最重要的、有时候甚至是唯一的标准。这样一来,地方上纷纷寻求投资推动经

[①] 潘秀珍、褚添有:《利益冲突性制度变迁——转型期中国行政审批制度改革的理想模型》,载《中国行政管理》2010 年第 5 期,第 16—20 页。

[②] 秦亦夫:《里程碑意义的改革:行政审批制度改革的回顾与展望》,载《中国经济周刊》2006 年第 46 期,第 19—22 页。

济发展。从全能主义时期继承下来的文牍主义显然阻碍了投资积极性。如果一个项目需要走上几年的程序，得到上百个政府机构的批准之后才能上马，那么还有兴趣进行投资的商人恐怕寥寥无几了。潜在的投资者抱怨文牍主义，大众媒体上充斥着详细的事例，要求进行改革。地方和中央的官员都知道问题所在，但是官僚们站在自己的立场上，坚持保留他们的审批权。只是到了20世纪90年代后期，一些地方率先打破了持续很久的僵局，才开始了简化行政审批程序的试验。

几年之后，中央把分散的地方试验推而广之，形成了一场全国性的运动。2002年，中国加入了世贸组织，促使中央政府发起了五轮改革，削减了1000多个需要行政审批的事项，并将其余事项的审批权移交给了地方政府或者政府主办的非政府组织。① 中央在简化行政审批上的不懈努力给全国各级政府传达了一个明确的信号，那就是必须削减行政审批权，减得越多越好。在国务院的努力下，一场运动在全国范围内展开了。自20世纪90年代中期至今，中国各级政府已经废除了上千个行政审批规定。

精简运动并不是以稳定的步伐直线式地向前推进的。没有几个官员自愿放权。许多行政审批规定业已废除，却又换了个名目重新启用。一些官员在执行中央命令时也是半心半意。不过，一旦某个地区拒不简化行政程序导致经济增速慢于其他地区，这个地区的主要领导就会再次推进精简改革。这是一场走三步退两步的博弈。不过，总的来说，中国的行政审批规定还是大大减少了。

我们在下面几章就会看到，先进行地方试验，再推广到全国形成

---

① 王伟：《深入推进行政审批制度改革》，载《中国监察》2010年第18期，第8—10页。

运动这种模式已经成了中国治理改革的通行路径。20世纪90年代，地方政府在探索新的治理方式方面往往走在前面。许多重要的政治行动都是在未经中央事先许可，甚至中央不完全清楚的情况下为解决地方问题而由地方政府发起的。这不仅包括行政改革，而且还包括与提高透明度、社会团体甚至选举有关的行动。一些改革仍然是在中央的领导下进行的，但在很多情况下，改革是从地方上开始的。如果地方政府发起了改革，那么中央得在促进与阻碍之间作出选择。

1997年，地方政府率先开始简化行政程序。深圳市就是这批率先改革的地方之一。[1] 当时，具有象征意义的事件是一篇呈递给市领导的报告。这篇报告题为"以清理和重订行政审批项目为重点，实现转变政府职能改革的建议"，作者是张思平，后来的深圳市经济体制改革办公室主任。市领导对报告表示肯定，并下令行政机构采取相应措施。[2]

改革的基本思路是提高对私营部门首创活动的行政审批效率。复杂的办事手续也大大简化了。分散在各地的行政机关奉命把办公室搬到了一起，组建了一站式的行政服务中心，以节省申办人的时间。按照要求，办事程序也发布到了布告栏上，接着又发布到了互联网上。

开展行政审批制度改革之后，深圳市的经济投资迅速增长起来。全国的地方政府很快知道了深圳的改革及其效果。还没有得到来自中央的明确指示，他们就行动起来了。为了推进经济创新，激发经济活力，他们也实行了类似的改革。而他们之所以迫不及待地要提高效率，促进经济增长，是因为官员在促进经济发展方面的绩效是

---

[1] 秦亦夫：《里程碑意义的改革：行政审批制度改革的回顾与展望》，载《中国经济周刊》，2006年第46期，第19—22页。

[2] 秦鸿雁、朱丰俊、严艳、游星宇：《深圳开启行政审批制度改革先河》，载《南方都市报》，2008年3月12日，http://news.sina.com.cn/c/2008-03-12/030015129989.shtml。

其获得升迁的主要依据。①

行政改革的第二个阶段开始于2001年。中央发起这场改革的名义是使国内的规章与世贸组织的规定相适应，因为前者是在计划经济时期制定的，而后者则是根据市场制度和实践形成的。为了推动这场改革，国务院于2001年成立了行政审批制度改革工作领导小组。② 如表2-1所示，2002年起，国务院还先后五次发布命令废除行政审批事项。

表2-1 行政改革

年份	发布机关	文号	取消的行政审批事项数	移交地方的行政审批事项数
2002	国务院	国发〔2002〕24号	789	0
2003	国务院	国发〔2003〕5号	406	82
2004	国务院	国发〔2004〕16号	409	86
2007	国务院	国发〔2007〕33号	128	58
2010	国务院	国发〔2010〕21号	113	71

数据来源：笔者根据国务院取消和转移行政审批项目的命令编制。这些命令发布在中国中央政府的网站上，每道命令的全文详见以下各条链接：

www.gov.cn/gongbao/content/2002/content_61829.htm；

www.gov.cn/zwgk/2005-09/06/content_29621.htm；

www.gov.cn/gongbao/content/2004/content_62767.htm；

www.gov.cn/zwgk/2007-10/12/content_775186.htm；

www.gov.cn/zwgk/2010-07/09/content_1650088.htm。

---

① 这个晋升标准并未载诸文件，但众所周知，1978年以来，党多次号召全国人民和各个机构关注经济建设。1978年末，党的十一届三中全会决定把工作中心从阶级斗争转移到经济建设上来，改革开放由此开启。此后，提拔官员的依据不再是意识形态上的纯洁性，而是经济上的政绩。

② 孙寿山：《关于深化行政审批制度改革的几点思考》，载《国家行政学院学报》2009年第3期，第4—7页。

这些修订关系到各个部，涉及事项广泛。比如，如果农业、林业、灌溉、交通或机械投资项目不涉及政府资金，不是国家规划的重点项目，政府也没有明文禁止，那么这个项目无需审批就可上马。此外，只要商业展会不涉及外国人所有的物品，那么举办这个展会也无需事前征得批准。大学也用不着事先获得教育部的审批就可以任命外国人为名誉教授或雇他们作访问教授了。

此后又进行了几次改革，繁文缛节进一步减少。2010年的第五次改革允许国内的福利组织（慈善基金会）与国外的同行开展合作项目，准许外国旅行社在华开办分支机构。现在，国际非银行金融组织可以事先不经银监会批准就在华设立分部，医疗领域的合资企业也无需得到事先批准就可以成立了。

经过行政审批程序的简化，大多数部门的中小型项目受到的行政上的限制大为减少，有时甚至没有限制了。但政府对大型项目特别是金融、能源、通讯、教育等领域的大型项目仍然保留行政审批权。

各省对国务院的命令回应不一，各地削减行政权的力度也不一样。尽管一些地方力度还不及中央，但也有一些地方做得更为彻底。比如，成都市政府以前的1166项审批项只保留了107项，删减幅度高达90%。①

并不是每个人都乐意取消行政审批权。有些官员想保持原规定不变，也有人成功地恢复了某些规定。这样一来，想要删减繁文缛节的人和不想删减的人之间便发生了一场博弈。

改革的另一个重要面向是，对确定哪些事项需要审批以及以何

---

① 孙寿山：《关于深化行政审批制度改革的几点思考》，载《国家行政学院学报》2009年第3期，第4—7页。

种程序审批的权力予以规范。在世纪之交前夕，各级行政机关制定规定的权力几乎是不受约束的。它们既不需要同级机关或上级领导机关的介入，也不需要代表机关或公众的参与，就可以制定审批规定和程序。换言之，政府官员实质上如同脱缰的野马。因此，简化审批手续的行政改革也就大大制约了各个行政机关的权力。现在，如果一个政府机关想制定一个条例，要求公民须通过行政审批才能行事，那么拟定的条例通常要通过地方政府、地方人民代表大会和上级机关的审查。新条例还必须与相关法律保持一致。这样就把政府的行政职能置于法制（如果还不是法治的话）之下了，有助于减少审批权的滥用。不过，与美国行政法要求拟定的规章设立公开征集意见期相比，这还做得远远不够。

改革的第三个面向是加强其他政府组织乃至公众对审批过程的监督。比如，2005年，深圳市制作了一个电子系统，对全市38个行政机构批准的239项申办项目进行公示，下文将对此予以详细论述。[①]

地方改革：起步于深圳

深圳市是第一个对行政审批制度开展大规模改革的地方政府。1980年，中央政府设立了四个经济特区，其中就包括深圳。在第一波经济改革浪潮中，这四个特区就像是对世界市场经济开放的四个

---

① 如无另外说明，下文关于深圳改革的探讨均引自严海兵：《以技术制约权力——深圳监察局行政审批电子监察系统案例分析》，见俞可平编：《中国地方政府创新案例研究报告：2007—2008》，北京大学出版社2009年版。

孤岛，环绕着它们的则是由中国其他地方组成的汪洋大海，其中遍布着封闭的计划经济。开发经济特区是为了试验新的经济制度，尝试与世界经济建立新的联系。作为中国经济改革和发展的先驱城市之一，深圳的经济发展一直为行政上沉重的繁文缛节所累。1997年初，为了简化和删减行政审批手续和规章，深圳发起了针对行政审批制度的三轮改革，之后又试行了行政审批电子监察系统。

深圳1997年的改革以各个政府部门的自我审查和一系列关于简化程序的会议开始，把原来的1109条需要行政审批的事项砍掉了42.44%，只剩下628项，删减力度相当可观。2001年，深圳又开始了第二轮大改，审批事项从628项缩减到了277项，缩减幅度将近38%。2003年的第三轮改革是在中国加入世贸组织的背景下展开的。这轮改革着眼于改进行政审批的发布程序和服务质量，以及规范和明确相关条件。这些措施包括：建立行政审批服务中心；鼓励各部门开展合作降低申办成本；以集中式的监管取代部门层次的分散监督；现场监督保证收费无误；提高服务中心工作人员的服务质量；等等。①

简化行政程序大大方便了个体的经济和社会活动。投资项目许可原来需要花上几年时间才能拿到，现在只需一周或一个月。申办护照过去需要花上几个月的时间，现在只需五个工作日。以前，申办审批的人往往会在政府机构附近租住几周或几个月的房子，以等待行政审批结项；现在就没有这个必要了。而且，由于简化或取消了这么多的审批条件，也就不用再为官员的吃拿卡要列支开销了。

深圳的行政改革改善了社会和经济环境，成了整个国家的典范。

---

① 俞可平等编：《政府改革的理论与实践》，浙江人民出版社2005年版，第197—198页。

其他省份的官员也被派来学习深圳经验。在深圳开启改革进程几年后,与俄罗斯毗邻的牡丹江市也开始了类似的行政精简。改革前,由于行政审批条件极为繁琐,这里的村民们很难向俄罗斯出口商品。改革后,出口需要的一些行政审批取消了,村民们可以方便地向俄罗斯出口蔬菜。改革之后的那一年,处于中俄边境线上的村子向俄罗斯出口的西红柿产值达到了数百万美元。①

中央政府敏锐地意识到了行政改革的重要性,并在2001年9月成立了一个领导小组推动全国的行政审批制度改革。尽管取得了一些成就,但也出现了一些倒退。即便在改革之后,寻租行为还时有发生,一些早已取消或者简化的规定又逐渐走上了台面。当第三轮改革启动时,深圳的行政审批制度规定的行政许可或审批项目实存497项,其中的200多项都是第二轮改革之后恢复的。② 比如,在食品安全保障和环境保护方面,前一轮改革已经取消的一些规定就改头换面再次出现在了人们面前。

进行类似改革的有将近12个市。③ 这些改革包含三个方面:(1)削减需要许可或审批的项目(许多市政府削减的项目有40%以上);(2)建立集中的审批服务体系(通常称为行政审批服务中心,又称行政服务体系或政府服务中心)④,简化申办流程;(3)开通行政服务电子网络,保证申办流程透明规范。

---

① 牡丹江市纪委监察局:《关于牡丹江行政审批制度改革工作的调研报告》,http://sso.sz.gov.cn/pub/szwfdt/jlxx/gddt/201103/t20110310_1642398.htm。
② 《砍剩385项又冒出112项》,载《羊城晚报》2003年7月25日。
③ Xing Ying, Hu Xianzhi, and Zhang Jixing, "China's WTO Entry and Government Administrative Approval System Reformation, Discussion Group Proceedings," *China Administration Control*, 8 (2002), p. 22.
④ 在第二个案例中,我们称之为政务超市。

监督与监管

尽管如此，这些改革的漏洞也相当惊人。精简后，行政官员的行为仍然缺乏有效的监督。事实证明，与改革者起初的设想相反，政府的各个部门和公务员并不总能谨守职责，认认真真地做事。虽然需要他们审批的事项大为减少，但行政服务中心的官员们还是可以办事拖沓，拉长审批流程。许可过程缺乏制约措施，减弱了行政改革的成效。为此，深圳市政府推行了另一个试验：用电子监察系统监督许可审批流程。

深圳电子监察系统是深圳市电子政务服务系统开发专项资金资助的第一个项目，是深圳市监察局和联合国开发计划署（UNDP）为提高中国公共管理的监督水平而开展合作研究的直接成果。它的目标和第三轮行政审批制度改革一样，即制作一个监督系统来监督行政审批流程。早在2003年，市监察局在"全国公共管理廉政建设"试验中就已经占据了领先地位，并且开展了题为"公共管理监督机构有效性"的研究。在中央领导和监察部看来，深圳已经成为全国反腐倡廉的试验场。在他们的支持下，深圳监察局提议制作电子监察系统，并提出要用这一系统来监察全市的行政审批。

2004年6月，这个系统的制作计划开始得到落实。同年11月，系统进行了试运行，并于2005年1月1日正式发布，先是用于31个政府部门的239项仍需要行政审批的事项，后来逐渐推广到其余的28个政府部门。这个系统把信息技术工具和视频监控仪器结合起来，对行政审批的实际过程（包括申办受理、承办、审核和批准）进行监督，并对行政大厅里发生的所有过程进行监控。当不满足行政审批条件或手续不合规定时，比如，如果审批没有在规定时间内办结或申办费用收取不合理时，系统就会自动发出警告或提示。

深圳市行政审批电子监察系统由电子监察界面、视频监控系统和外网组成。电子监察界面是电子监察系统的核心，架设在当地政府的内网上，与互联网隔离以防止他人窃取数据。电子监察界面还包括监察数据采集、行政审批效能评估、综合查询、统计分析、投诉处理、系统管理维护等子系统。这个系统既有助于主管领导掌握行政审批的实时状态，也为需要相关信息的人提供了方便。

视频监控系统架设在市政府行政服务大厅以及规划局、交通局、国土局、公安局。把这些定点的监控器连接起来，就形成了一个可以对工作人员的工作作风、服务态度和办事效率进行监督的网络。

行政审批服务网站给界面提供了电子监察系统，普通公众也可以利用。公众可以登上网站直接查验行政审批的申办状态和结果，投诉，在网上论坛与他人互动，以及提交满意度调查问卷。

深圳的电子监察系统防止了官员滥用权力。通过确保行政过程的规范、透明和效率，这个系统也有助于继续推进删减行政审批事项的改革。如果在全国范围内推广应用电子监察系统，将有利于减少腐败现象，提高政府行政效率，促进经济不断增长，从而增强整个体制的合法性。

防止腐败。任何一个现代国家都有行政审批程序，但这些规制程序也成了腐败和滥权行为滋生蔓延的温床。通过大幅删减许可和审批事项以及公开审批过程，腐败现象减少了（但与此同时，兴建基础设施等领域的腐败现象却呈现出持续高发态势）。可是，尽管简化了行政审批过程，工作人员处理申办事项时随意性较大，仍有发生腐败的可能。在引入电子监察系统之前，公众时常投诉官员，说他们"暗箱操作"或利用行政审批程序"中饱私囊"。如今，这些投诉显著减少。2007年重新注册的网吧（或网络咖啡厅）数量大增就是一个成功事例。在对746家网吧重新核发执照的过程中，仅收到两次投诉。

提高效率。电子监察系统增强了公务员的责任意识和效率意识。以前，不作为和无效率是两个难解的顽症。申办人经常抱怨"受理难、处理难、办成难"。引入电子监察系统之前，深圳市的行政人员在给予审批和许可时经常推迟延宕。在规定期限内完成审批的事项还不到3%。电子监察系统投入使用之后，从2005年1月到2006年12月，在提交的175万件行政审批案中，只有两件超过了规定期限，而且这两个案件都遭到了"黄牌"警告。此外，提早办结（至少比截止期限早一天）的案件数目平均高达80%，而以前这类案子才只占3%。

提高透明度。电子监察系统也提高了政府行政过程的透明度，促进了依法行政，反过来说，也巩固了行政审批制度改革的成果。使用这一系统本身就意味着透明度的提高，因为有关38个政府部门行政审批过程的信息得到了披露。为了推进改革，政府展开了一系列调查，研究政府工作的效率和存在的问题。2007年11月，政府发布公告称行政审批程序和机制仍然还有15个问题没有解决。这些问题包括审批职责分配不明确、部门间缺乏协作意识、违规收取申办费用和发布信息不准确等。市政府曾公布电子监察系统的效率评估结果25次，收到公众投诉1544起，反馈意见1385起，并公示了381项意见和建议的后续处理结果。信息公开和行政审批过程的规范化也解决了上级主管部门和监管部门之间的信息不对称问题，避免了审批系统陷入冗余信息的泥淖。

提高行政管理和服务的水平。为了与电子监察系统保持一致，每个政府部门都必须遵循一套严格的程序并公开操作流程。公众可以通过某种机制对操作流程进行监督。引入这个系统之前，对工作人员服务态度和服务质量的投诉在 40% 到 50% 之间。从 2005 年起，在电子监察系统接收的 1500 多条投诉中，关于工作人员态度的投诉只有寥寥几条。大多数意见和建议都是由于不太了解政策或法条之间不配套所产生的误解（随着中国法律法规的迅速增加，条文之间的矛盾越来越多，久而久之就成了一个问题，参看第五章关于中国的透明规定与保密法之间冲突的论述）。一些投诉超出了行政审批制度的范围。

发展电子服务。使用电子监察系统以后，各个政府部门可以在网上进行它们的例行工作，促进了各部门之间的信息共享。相关数据来源于 31 个政府部门。系统一投入使用，就有 17 个部门架设了它们自己的电子信息系统。把信息技术用于电子监察系统的后台，大大便利了数据资料的采集。最终，这些部门都把它们的工作系统与信息技术结合了起来。

各级政府接收到的信息不对称是造成李侃如和奥克森伯格（Michel Oksenberg）所说的"碎片化威权主义"的一个原因。透明度的提高和电子政务的施行使政府各个部门的信息传递畅通起来。权力也许仍是破碎的，但远远谈不上信息不对称。电子监察系统的成就引起了国内外的强烈关注。2005 年 4 月，深圳电子监察系统被授予"国家科学技术进步奖"。有 7000 多位国家领导人和省市领导来到行政审批中心了解电子监察系统的运行情况。中央电视台、人民日报、人民网、新华网和监察网等媒体纷纷报道这场改革。中共中央、国务院在深圳举行了两次会议推介电子监察系统。在 2006 年的全国行政审批电子监察系统建设现场会上，深圳市监察局把自己的电子监察系统软件免费赠予各省市使用。在深圳市的协助下，包括广东、内蒙古、湖北、福建和云南在内的 10 个地方安装了这一系统。

香港廉政公署的官员也来到深圳观摩学习系统运行。深圳市监察局还派团参加了国际透明组织2005年年会、第五次亚太地区反腐败会议和亚太经合组织反腐败研讨会,并在这些会议上介绍了电子监察系统。

下关区的"一站式服务"

另一项创新是把分散在各个政府机构的行政服务搬到一个地方,提供"一站式服务"。① 一些地方称之为"政务超市"。江苏省南京市下关区这个县级辖区便是进行这种创新的一个实例。②

下关是江苏省会南京的6个市辖区之一,位于上海西北方向150英里处,面积31平方公里,分为6个街道,拥有居民37万。

20世纪90年代,下关区的经济和社会发展水平还滞后于南京市的大多数区县。与中国的大多数地方一样,下关没有勇气和压力与深圳相比,因为深圳作为经济特区,受到了中国领导人的特别关注。但下关也有全国各个市辖区较为常见的动力,那就是必须赶上邻近的辖区。

在加快经济增长的压力下,下关区的领导决定通过提高治理效率改变落后局面,并研究了解决方案。2000年初,具体的措施出台了。2000年6月,下关邀请来自美国、日本、中国香港、中国台湾等地的学者举办了一场名为"社区开发的海外经验"研讨会。同年

---

① 上文指出深圳市把建立"行政服务大厅"作为改革进程的一部分。这是一个"一站式"的行政服务中心。在深圳的案例中,精简改革发生在市一级,而在下关区却发生在县一级。实际上,各级政府都进行了行政精简。我们选择这两个案例是为了证明全中国各级政府不管经济发展水平如何都开展了行政改革。

② 不加说明的话,下面关于下关改革的论述都引自王勇兵:《南京下关区"政务超市"调研报告及分析》,见俞可平编:《地方政府创新与善治:案例研究》,社会科学文献出版社2003年版,第158—186页。

9月，6个街道的负责官员被派到上海学习。2000年10月，热河南路和小市两个街道开始率先试点"政务超市"。

下关政务超市把来自各个不同行政机构的40项行政服务集中到一处，以便为公众提供行政服务，提高治理效率。在试点了几个月后，所有街道都采用了这种模式。

政务超市提供的公共服务多达50种，其中包括城市规划、就业援助、社会保险、法律援助、商业执照、税额核定等等。为了加快处理进度，重复或类似的服务也得到了合并和调整。一个重要的变化是告知公众都提供了什么样的服务。以前，人们不太清楚到底提供了哪些服务，哪些部门负责哪些事务，办公时间是几点，负责官员是谁以及如何咨询信息。当人们需要官员提供帮助的时候，他们往往不知道去哪儿和向谁求助。在下关政务超市，公众只需要面对一位工作人员，直到事情解决为止。

政务超市的效果

向一站式服务的转变从三个方面提高了效率：

——缩减了行政人员规模。以前，每个街道设立了8个办公室，拥有员工25—35名不等。随着政务超市的建立，街道一级的服务集中到了一个地方，设立了5—7个柜台，每个柜台处理以前由整个办公室处理的事务。表2-2说明了哪些机构把哪些工作委托给了政务超市的办公室处理。

——减少了推诿塞责现象。把各个政府部门（的办公室）集中在一处之后，工作人员的责任得到了明确，推诿塞责和拒绝受理的现象显著减少。

表 2-2　区政府相关部门委托政务超市办理事项表

部门	事项
民政局	审查和批准小额救灾资金发放；审查和批准低保资金发放
计生委	发放独生子女证；向独生子女家庭发放奖励和补贴
文化局	受理开办书店等事宜
城市建设监管小组	协同街道查处违章建筑
规划局	协同街道审批户外广告及海报
劳动局	登记城镇失业人员

数据来源：笔者根据《南京市下关区"政务超市"调研报告及分析》（王勇兵，2003）编制。

——减少了处理文件的时间。以前政府处理文件需要花费几天甚至几个月的时间，现在政务超市只需要几分钟就完成了。政务超市设立后的三年时间里，已经处理的咨询和申办事务共计 21000 件。提高效率不仅节省了人们的时间，而且也改善了政府工作人员与群众的关系。

此外，政务超市也有助于提高行政过程的透明度。

——人们被赋予了某种形式的"知情权"，有权了解政府政策、工作时间和办事流程。透明的工作流程减少了行政工作中的随意性，抑制了裙带关系，避免了公务员走后门走关系。更重要的是，提高透明度还减轻了行政审批过程中广泛存在的腐败现象。

——行政过程的公共监督从两个方面得到了加强。第一，政务超市现在向公民征求反馈意见和评价。第二，相关官员和监察人员会定期对柜台服务（包括工作态度、是否遵守规定）进行评估。

行政改革仍未完成？

由于各种各样的原因，上文所述的行政改革还没有使中国政府变成一个彻底现代化的回应性政府。比如，设立政务超市的办法尽管在中国广受欢迎，但还有很多工作要做。"下关试验"虽然被授予了"中国政府创新奖"，但根据评奖机构的评价，它的服务体系还需要实质性的改进。尤其需要指出的是，窗口和柜台一线工作人员的决策权太小。许多事项还得呈请上级决定，而他们和上级的沟通通常要耗费很长时间。此外，许多行政服务部门还需要加强与其他同级部门的合作。

一个更重要的疑问是，这些行政改革是否足以解决更为广泛的问题，为迅速现代化的中国创造一个可持续的治理体系？本章表明，与原来的情况相比，中国官员控制本国经济和公民的权力大为削弱。20世纪90年代后期，地方和中央共同开展了简化行政审批程序的全面改革。这些改革起步于地方，原本是为了招商引资和促进经济增长，并由于同样的原因推广到了全国各地。

随着中国加入世贸组织，进行行政改革的压力陡增。为了与世贸组织的标准保持一致，中国中央政府系统研究了阻碍经济社会发展的行政审批和行政权力，清理了上千个行政壁垒，尤其是那些影响私人发挥积极性的壁垒。深圳和江苏的各级地方政府为削减政府的行政权力和提高行政效率及透明度付出了很大努力。这些改革显著地减轻了文牍主义，提高了效率，并且从政治上改变了政府凌驾于社会之上的局面，拉近了政府与人民的距离，也有助于减少腐败现象。

尽管实行了这些改革，并将其推广到了全国各地，但中国的行政还远远谈不上充分回应了公民的需要。从市场经济和自由社会的角度来看，管理者的权力还是太大了。虽然进行了改革，但很多项目还必须得到政府的许可，而且办事程序既不透明也很繁琐冗长。中国从20世纪70年代后期摆脱全能主义之前，官僚作风已经在计划经济体制下存在和发展了近30年。事实表明，改革这些带有浓厚计划经济色彩的官僚作风绝非易事。改革时期的头20年，行政部门很少对自己动刀。以创造"大社会、小政府"为方向、以建设服务型政府而非控制型政府为目标的改革也才进行了十来年。

简言之，行政改革进程在某些方面确实非常成功。尽管中国以前文牍主义现象极为严重，但现在已经有了显著的改善。社会各个部门的经济项目如雨后春笋一般迅速成长，经济前所未有地持续增长。随着经济增长，生活水平也不断提高，现行政治体制的合法性得到了增强，以至于一些人甚至认为单靠行政改革就足以维持现行政治体制的长期存在。

然而还有一些问题没有解决。行政权力固然大为削弱，但行政管理仍然居于支配地位。有一个指标可以衡量国家官僚制度的延续性，那就是行政人员的数量。在20世纪70年代后期和80年代初期，全国政府工作人员的数量不足600万，而在2005年，这一数字已经超过了1200万。[1]

从长期来看，如果不对其他方面的政治制度进行改革，精简官

---

[1] 曹超：《浅析中国公务员规模之变》，载《法制与社会》2011年第2期。"干部"有三种定义：（1）党和国家机关工作人员，约有1200万人；（2）党的机关、国家机关、军队机关、国有企业的工作人员和学校教师等，约有4000万人；（3）上述机构工作人员加上离退休人员，总计6000—7000万。见杨继绳：《中国当代社会阶层分析》，江西高校出版社2011年版。

僚机构本身是否能成功以及能取得多大的成功，还是悬而未决的问题。单单进行行政改革，虽然可以促进中国经济的高速增长，使其从贫穷国家进阶到中等收入国家，但不能提供负责、参与和透明的机制，而这些机制是管理日益复杂的经济和社会所不可缺少的。经济取得了引人注目的增长，但走上街头抗议政府政策和行为违法的公民也越来越多。根据官方提供的数据，示威游行（中国官方称之为群体性事件）的数量在2005年总计达到87000件，而在1997年仅为8709件。[①] 虽然腐败现象在个别地区有所减轻，但人们普遍认为形势更加严峻了。显然，公众对政府有很大的不满，威胁到现行政治体制的持续性。

最后，行政改革还有一个方面值得一提。改革很可能造成了一种难以定量分析、也难以准确证明的溢出效应。改革削弱了政府的支配地位之后，政府与其说是一个统治者，不如说是一个服务者。与要求审批和许可的制度相伴的是极权主义和威权主义。准许个体无需经过政府审批就能做很多事情的制度支持强调个性和自治的政治文化。这种全新的观念也许永远不会为老一代接受，但很可能成为年轻一代的价值观。

---

① 李亚敏：《群体性事件的沟通机制研究》，载《法制与社会》2010年第16期。

第三章　选举机制的发展

1999年1月15日,《南方周末》刊登了四川省遂宁市步云乡采取竞争性的方式直接选举乡长的报道。这篇文章引发了国内以及国际社会上中国问题观察者们的强烈反响,因为这是1949年以来,中国第一次开展村级以上地方政府的竞争性选举。

无论是新浪、搜狐等商业网站,还是人民网、新华网等政府网站,数以千计的网站都纷纷转载了这条新闻,成千上万的博客也转发了这一消息。步云乡直选成为中国政治研究中受到最广泛关注的案例之一。根据中国规模最大的电子学术数据库——中国知网的统计显示,至少有237名中国学者发表过关于步云乡选举的文章。美中政策基金会也在其学术期刊上发表了探讨步云乡选举的论文。最早从学术角度评估步云乡选举的文章问世于步云乡选举三年之后的2002年。从此之后,来自世界各国数以百计探讨中国政治的文章都提到了步云乡选举案例。

步云乡选举引发热议的原因不仅基于步云乡采取竞争性直选这一事实,而且还在于人们对这一案例发生的地点、动因以及过程产生着兴趣。四川省位于中国内陆地区,经济发展程度远达不到沿海省份的发展水平。由于经济资源相对匮乏,地方政府无法很好地平息民众的不满情绪,因此,较之其他省份,四川省的政治稳定性相对较低。步云乡上级政府一直在寻求一种居民参政的方法。2002年初,本书作者在遂宁市的一家咖啡馆访问了步云乡选举的推动者——遂宁市中区区委书记张锦明女士。张锦明女士谈到，因为不信任政府，当地居民总是拒绝配合地方政府开展工作，她认为创新才有可能改变这种局面。然而，《南方周末》所刊载的文章对于中央政府而言，是一条不受欢迎的消息，因为中央政府根本没有在乡镇一级，甚至是更高层级的地方政府推广选举的意愿。但是，消息一旦公之于众，它就如野火般蔓延开来。

值得指出的是，这项令人兴奋的选举试验很快就显示出与美国小镇镇长选举活动的相似性。在2001年至2002年的冬天，步云乡举行了第二次选举乡长的半竞争性直接选举。这次选举引发的媒体和学术界的轰动较之上届选举要小得多。但幸运的是，本书作者赖海榕当天就在步云乡目睹了整个投票、计票、宣布结果的过程以及候选人和选民的反应。他清楚地记得，尽管现任乡长赢得了这次选举，但情绪却非常低落。因为该乡长（以及帮助组织选举的县政府官员）对于赢得这次选举一直非常有信心，认为他至少可以获得三分之二选民的支持，因为他的竞争者是他的下属，工作业绩无法与其相比。然而，现任乡长却仅以高出不到两个百分点的支持率赢得选举。县领导认为，导致这个结果的主要原因在于有相当多的选民反对现任乡长在几个月前强制推行的项目，因此他们在竞选中，投了其他竞选者的票。他们还预测，为了能够在第二届任期内更好地工作，这位失落的胜选人将会更愿意倾听民众的意见。

在步云乡选举引起轰动之前，拿出这样一个具有实权的政治职位开展选举竞争，即使没有成为禁忌，至少也不大可能得到明确反对政治竞争的执政党的支持。政治竞争在中国是一个高度敏感的话题。四川省开展的乡镇选举以及相关的新闻报道则打破了这一禁忌。

我们将这种选举或者类似的选举称为"半竞争性选举"。因为选民要在候选人之中作出选择，而候选人是由居民，而不是政党提名。但是，候选人之间的竞争却在很多方面受到了限制。在半竞争性选举中，没有集会，没有媒体广告的宣传，几乎没有海报，自然反对党也是禁止存在的。中国官方将这种限制性选举竞争称为"公推公选"。从字面理解来看，"公推公选"即是公开推荐，公开选举。

引入半竞争性选举的目的在于增强地方官员对地方居民的责任感。人们常常指责中国的官员并不对民众负责，而只是对上级领导负责。人们还普遍认为，官员对地方居民负责制的缺乏是地方官员产生不端行为和人民不满政治体制的来源。此外，决策者意识到竞争性选举是使地方官员向选民负责的有效机制。但是，半竞争性选举的实施意味着要放弃任命官员的部分权力。因此，每一位决策者都必须力图在维护任命地方官员的权力和使地方官员向公民负责之间寻求一种平衡。在中国开展的众多半竞争性选举试验便体现出维护重要权力，即维护任命下一级官员的权力和在中国政治体制内增强责任性的需求之间存在的紧张关系。

在中国，权力得到广泛下放是促使地方开展竞争性选举试验成为可能的结构性因素之一。这点我们在之前的章节已经进行了论述。尽管中央和地方之间存在着共享和缴税的体制，但在政党—国家等级体制中，每一层级的税收基础都不尽相同，并对同级政府负责。干部任命的权力下放方式是该层级仅任命下级干部的权力，但是没有任命再下一级干部的权力。换言之，中央政府仅能任命省级干部，但不能任命市级、县级以及乡镇一级的干部；省级政府可以任命市级干部，但不能任命县级和乡镇一级的干部；市级政府能够任命县级干部，但不能任命乡镇一级的干部；县级政府可以任命乡镇一级的干部。更高一级的政府虽然制定干部选拔和任用的标准，但是在实际操作中，却不能选拔和任用更低一层的基层干部，比如乡镇一级的干部。县级政府只要不违反中央政府和省级政府所制定的规则，就可以决定选拔和任用干部的方式。通常来说，中央政府制定的规则具有普遍性，允许地方政府进行不同的解读，因此这种灵活性就为地方决策者在选拔下级干部时提供了一定的自主空间。在步云乡选举的故事发生之时以及之后的时间里，许多地方官员都面临着这样一种困境：一方面，民众对政府的不满情绪愈加强烈；另一方面，政府缺少满足民众需求的经济资源。少数勇敢的官员选择尝试开展新的制度试验，虽然在一定程度上不同于主导的模式，但是有可能平息公众的不满情绪，并重新构建国家的合法性。

政府岗位选举的发展

人们通常认为，中国的选举并非是公民被迫投票给中国共产党指定的唯一候选人的过程。1978年之前的选举的确如此。直至今日，大多数"选举"也尚未改变这种方式。然而，选举机制已经逐渐悄然地发生了变化。候选人之间出现了竞争因素。在某些情况下，选民有了选择的机会。

最明显的竞争性选举发生在选拔和任用乡镇一级的政府岗位（也就是说，不是党或是人大的岗位）上。在这些选举中，（与那些只允许党员投票的选举不同）选民是广大群众，候选人所竞争的岗位拥有行政权力。诚如我们前文提到，在某种意义上讲，中国已经出现了半竞争性选举。尽管在半竞争性选举中，每一个岗位的候选人不止一位，更重要的是，中国共产党并没有预先指定候选人，但是这种选举并不是西方选举意义上的完全竞争性选举，因为竞选是受到限制的，更不存在反对党。半竞争性选举类似于（但并不是等同于）所谓的差额选举（multi-candidate elections）。从20世纪80年代中期，到1989—1991年共产党在一些东欧共产党国家崩溃前，东欧共产党国家往往采用这种选举形式。在差额选举中，尽管没有反对党，但是公民个人即使没有党委的支持，也有可能成为候选人。

在半竞争性选举中，自荐候选人（self-nominated candidate）和公民团体提名的候选人之间彼此竞争。竞争可以在党员之间开展，也可以在党员和非党员之间开展。

在 20 世纪 70 年代末期，即改革开放初期，中国便引入了"差额选举"这一概念。但实际上，中国所开展的差额选举与在苏联和东欧国家开展的差额选举不尽相同。因为在选举中，公民无法提名候选人，所有的候选人都是由中国共产党提名的。事实上，为了确保中国共产党提名的候选人能够安全胜出，党委精心挑选了其他候选人。这些候选人要么不为公众所知，要么明显不能胜任竞选岗位。而在本章所探讨的选举案例中，大多数或是所有的候选人都没有经过党委的预先指定，相对于上述差额选举而言，这种选举已经取得了巨大的进步。

这种更有意义的半竞争性选举在 20 世纪 90 年代初最先开展于村，并在随后的十年中逐渐延伸至乡镇层级。21 世纪的最初十年中，县级也出现了一些半竞争性选举。但是直到 2011 年本书写作之时，县级以上主要岗位的半竞争性选举尚未出现（参见表 3-1）。

表 3-1 1995-2009 年行政职位开展半竞争性选举的情况率

层级	第一次开展半竞争性选举的时间	截止到 2009 年的数量	所占比例（%）	开展半竞争性选举次数最多的省
县	2004	13	0.5	江苏、湖北
乡镇	1995	>2000	6	四川、云南、湖北、江苏
村	1980 年代后期	240000	60	全国众多省份

数据来源：赖海榕：《中国农村政治体制改革——乡镇半竞争性选举研究》，中央编译出版社 2009 年版。对村级半竞争性选举数据的补充来自于作者赖海榕在 2010 年 11 月 5 日对史卫明的采访。

由于最新的系统性数据目前还无法获取，因此表3-1中并没有收入近年的数据。然而，证据表明这种选举还在发生，并仍得到关注和讨论。例如，2010年10月，江苏省沭阳县开展了选拔11位乡镇长的半竞争性选举；河南省固始县也开展了选拔12位乡镇长的半竞争性选举。同样，选拔乡党委书记的半竞争性选举也在持续。例如，2010年11月，广东省梅州市开展了选拔1位乡党委书记的半竞争性选举；2009年10月和11月，云南省曲靖市也开展了选拔18位乡党委书记的半竞争性选举。

在表3-1所列举的所有这些半竞争性选举中，不是只有党员才能参与投票，而是公众（比如户主、村民小组的领导或者村委会成员都可能在乡镇长选举中投票）成为选民。在选拔乡党委书记的半竞争性选举中，尽管有时也邀请一些无党派人士参与投票，但通常情况下，只有党员才能投票。即使这些无党派人士参与了投票，他们的选票权重也比较小。然而，在选拔乡镇党委领导人的选举中，的确有一些无党派人士参与了投票。

村级选举每3年举行一次。在许多村，半竞争性选举已经有组织、有系统地开展起来，一些村已经举行了5次半竞争性选举。关注村级半竞争性选举的研究数量众多，其中大多数研究得出的结论是，随着半竞争性选举的引入，中国的基层政治发生了巨大的变化。然而，由于大多数半竞争性选举都仅仅发生在村一级，因此，对于中国整个政治体制所产生的影响是十分有限的。

比较而言，乡镇半竞争性选举的制度化程度低于村级半竞争性选举，也没有得到太多学术界的关注。2004年，乡镇选举从每3年一次改为每5年一次。大多数曾经开展过半竞争性选举的乡镇也不再继续采用这种选举形式，只有四川和江苏北部的一些乡镇仍然开展半竞争性选举。

大多数半竞争性选举都集中开展于那些经济欠发达地区。由于公民不满情绪较高，因此这些地区的社会和政治稳定难以维持。从本质上来说，半竞争性选举是通过让公民选择地方干部，平息公民不满情绪的一种尝试。尽管选举本身并不能带来经济的发展，但是选举似乎平复了，至少暂时平复了当地民众的不满情绪。

诚如前文所述，地方领导最先发起了半竞争性选举。然而，中央既没有鼓励这种选举形式的打算，也似乎没有取缔这种选举形式的计划。中央似乎持有一种观察的态度，这一部分原因在于半竞争性选举这种非传统的实践形式发生在政治体制的边缘地带，还有一部分原因在于允许公民表达自身意见的压力正在增大。引入候选人之间带有一定竞争性质的村级选举是中国政治发展中迈出的重要一步，因为村委会与中国政党—国家体制间有着深入的联系。但是，由于村委会的法律地位是人民自治组织，不具有国家强制权力，因此，村委会在政治上所能发挥的作用是有限的，它的主要职责是向村民分配以及再分配集体财产——耕地。

然而，具有一些竞争因素的乡镇选举在政治上则更加重要，因为乡镇是国家的基础单元。步云乡的竞争性选举表明，政治竞争在某种程度上已经开始延伸至正式的国家机构当中。

我们在第一章曾经提到，中国的政党—国家体制结构共包括5个层级，分别是中央、省、市、县和乡镇。乡镇和县级是中国政治体制中最低一级的政府组织，而村委会只是"群众自治组织"。实际上，乡镇政府拥有实权，负责公共安全、社会和政治稳定、计划生育、基础教育、基础设施建设、征收税费以及公共物品的提供。乡镇政府可以采用强制手段，而村委会只能通过村民自愿参与的方式，开展他们的工作。因此，在乡镇和县级开展政府岗位的选举所具有的政治意义远远超越了在村级开展选举的政治意义，这也会为普通中国人的社会和政治生活带来潜在的重要影响。中国共产党放开对村级的全面控制并不意味着对党执政的挑战。乡镇一级或者更高层级的让权于民则是重要的举措，因此，政党—国家体制显示出对于这一举措抱有非常谨慎的态度。尽管如此，一些改革的确正在发生。

县级人大

人大的选举机制同样也在发生着改变。事实上，中国第一次半竞争性选举开展于县级人大代表的选拔工作。也就是说，半竞争性选举最早开展于地方人大（非实权单位），而不是前文所述的行政机构的职位。参加这些选举的选民都是普通居民。根据法律规定，乡镇和县级人大代表由该县和乡镇的居民直接选举产生。

在人大代表选举中，党员身份不是区分独立候选人和党委支持的候选人的依据。独立候选人可以是党员，尽管大多数独立候选人并非党员。党委提名的候选人既可以是党员，也可以是非党员。或许令人吃惊的是，党委提名了大量的非党员作为人大选举的候选人。独立候选人和党委提名的候选人之间的区别非常简单，那就是后者是党委倾向并支持的候选人，前者则不是。

20世纪80年代初，尽管没有受到中国共产党的提名，但仍有8位市民被选为北京市某县级人大代表。除此以外，在20世纪80年代，还有一些没有受到中国共产党地方党委提名的候选人也成功赢得了选举。这样的选举因1989年政治风波被中断3年之后，独立候选人，即非党委提名候选人，再次出现在县人大代表的竞选舞台上。

最有意思的案例之一是独立候选人姚立法赢得选举。从1998年至2003年，姚立法担任了5年湖北省潜江市（副厅级市）人大代表。在任期内，他对潜江市农村选举法实施效果不佳的原因进行了调查，帮助村民就自身选举权利向更高一级政府上访。他还对县政府主导的一些投资项目进行了调查，揭露了腐败和低效的现象。我们可以预想到，地方政府视其为闹事者，并成功地阻止了他在2003年选举中获得连任。另外一个有意思的案例是曾建余。1992年，身为独立候选人的他通过散发宣传单和公开演讲，当选为四川省泸州市一名县级人大代表。1997年，他第二次以独立候选人的身份赢得选举，再次当选为人大代表。在他担任人大代表的9年中，他表达了普通百姓诉求。在帮助出租车司机向地方政府维权后，他被指控从一些出租车司机手中收受贿赂4000元，而被判有期徒刑1年。

在中国，大众媒体对姚立法和曾建余的故事进行了广泛报道。许多人了解到这些事件，引发了全国范围内对他们的同情。这些同情能否帮助他们尚未可知，但是他们的事件却反映出两个问题：一、在全国范围内，许多公众支持他们的行为；二、政府对独立候选人参与竞选最多只是容忍的态度。

姚立法和曾建余所处的困境并没有阻止其他人继续以独立候选人的身份参加竞选。2003年，深圳和北京的几十位公民都以独立候选人的身份参与了县级人大的竞选，并且其中3位成功当选。在姚立法曾经担任人大代表的潜江市，尽管在他之后独立候选人的竞选全部失败，但仍有32位公民登记成为独立候选人。一方面，这几十位公民受到姚立法独立候选人资格的鼓励，想要效仿他的行为。另一方面，地方政府惧怕姚立法，极力阻止其他效仿姚立法的人参与竞选。

在当时，潜江市政府在博弈中明显占有优势。然而，在中国其他地方，这种博弈仍在继续。来自不同省份的报告显示，2006—2007年，参与竞选县级人大代表的独立候选人数量出现了快速增长。几十位独立候选人至少在5个省份赢得了选举，这5个省份分别是浙江省、青海省、辽宁省、云南省以及山东省。尽管对于这些选举和候选人的细节信息我们尚未可知，但是比较明确的是，独立候选人参加县级人大代表选举的可能性是存在的，一些公民已经付诸实践，尽管数量不多，却在逐渐增长。

独立候选人与地方政府和党委之间显然常常会有不愉快的事情发生，甚至有时还会发生冲突。地方政府极力制造困难，阻止独立候选人参加选举。然而，这些独立候选人拥有民众对他们的同情态度，他们的故事也被大量媒体广泛报道。其中大部分媒体是官方媒体，我们可以想象其情况是何等复杂。

乡镇和县级人大代表的另一次选举发生在 2011—2012 年。在北京、上海和深圳等主要城市，许多人都在他们的微博上宣布自己将要走上成为独立候选人的道路。这次，独立候选人的努力得到了公众的关注，引发了网络上的广泛讨论。考虑到网上讨论的影响，全国人大法律委员会不得不作出回应。2011 年 6 月 8 日，全国人大法律委员会似乎对这一问题泼了一盆冷水，称"独立候选人"没有法律依据，因为候选人应由各政党、各人民团体，或者十人以上选民联名提出。然而，这一说法仅仅是再次点燃了公众讨论的热情。（外国媒体也捕捉到这一信息，并在海外进行报道。）

中央政府正在控制"独立候选人"所产生的影响。几乎毫无疑问，"独立候选人"将很难赢得地方人大代表的选举。中央对"独立"一词的否定已经成为中国改革领域中我们所熟悉的一个部分。同样，"失业"一词也不被中央所接受，尽管自 20 世 90 年代初，中国就出现了大量失业人口。官方对此所使用的词汇是"待业人士"或是"下岗职工"（workers dropped from positions）。然而，拒绝接受这些词语并不能阻止人们在除党报之外的各种媒体上对失业问题进行讨论。对于在地方人大代表竞选中出现独立候选人这一现象，最重要的一点是，越来越多的人在政治上变得活跃起来。由于网络的应用，他们的活动也逐渐被公众所知。

党内选举

2007 年，发生在中国政治体制中最高层的选举是中国在选举机制改革方面迈出的重要一步。2007 年 6 月 25 日，400 多名中国共产党的高级干部（中国共产党中央委员会委员及候补委员）从 200 余名候选人中投票选出中国政治最高级别的决策机构——政治局新进人员的预备人选。通过这种方式，习近平后来进入政治局常委会。自 1949 年中国共产党执政以来，政治局委员通常由魅力型领袖（先是毛泽东，后是邓小平）选定，而不是由同级或下属官员选举产生。因此，2007 年的选举是中国历史上采用准投票机制的最重要的案例之一。

虽然准选举中并没有明显的竞争因素，但是的确有竞争存在。200 余名候选人要竞争 12—15 个进入政治局的位置。媒体并没有报道选举的细节，因此，公众并不能清楚了解选举究竟如何开展。对这一重要变化保持低调的原因可能包括两个方面：首先，这是中国共产党第一次在高层举行选举试验，因此，在实践上缺少经验和信心；其次，由于政治局委员将行使最高权力，如果对采用选举机制选拔委员进行报道，将会为整个中国各级政府树立一个强有力的典范，表明干部应通过选举产生，而非直接任命。中国共产党还尚未做好鼓励全国效仿这一形式的准备。

政治局采用准选举的方式选拔委员并不是一个意外事件。我们下文将会提到，通过同级或下属的投票选出领导的方式（而非通过简单的上级指定）已经在选拔党（和国家）的中层领导方面开展了许多年。1995 年，中共中央颁布了《党政领导干部选拔任用工作暂行条例》，鼓励地方政府尝试让同级干部投票，并任用赢得多数的候选人。2002 年，中共中央对暂行条例作出了修订，该条例成为正式工作条例。新的工作条例进一步鼓励通过选举任用干部。1995 年以来，政党—国家体制内数以千计不同层级的岗位都尝试采用选举的形式任用干部——有一点需要注意的是，这些例子中的选民仅限于政府机关工作人员，而非公众。

然而，尽管政治局选举严格限制了选民的范围，但是这仍然在改变中国权力合法性方面迈出了重要一步。尽管最高领导人的个人喜好在选拔和任用干部过程中仍然是一项重要的因素，但是准选举机制已经融入了最高权力层的选拔和任用之中。一种悲观的理解认为，选举——报道中通常指意向投票（straw poll）——是精英政治执政的另一种方式。然而，无论引入选举机制的目的是什么，这一做法都反映出中央对权力如何平稳且合法转移的观念正在发生转变。尽管合法性来源的改变（由自上而下的指定改变为自下而上的投票）所带来的直接影响尚不明确，但这种改变或许会对中国政治未来发展产生深远的影响。

地方试验

现在，我们来看看 21 世纪初在中国产生一定影响的三个地方选举试验。尽管生活在完全民主政治体制中的公民都不会把这三个试验看作是关键性的政治竞争，但是在中国，这样的试验触动了政治进程的核心。前两个试验主要涉及的是党内的职位，第三个选举试验涉及的则是一个政府主导的非政府组织（也被称为 GONGOs，或是政府组织的 NGOs）——妇联的下级单位。我们在第一章曾经提到，中国共产党、国家机构和政府组织的群众组织是相互交织在一起的。执政党领导各级国家机构和所有的政府组织的群众组织。国家机构（在其他国家被称为政府机构的行政机关）和政府组织的群众组织是执政党行驶权力的机构。因此，如果党内不够民主，那么政府机构的民主也将会受到严重的限制。进一步发展党内民主则有可能更容易地推动政府权力结构发生重要改变。

有意思的是，20世纪80年代，中国政治的发展方向与现在不尽相同，那种发展方向或许会极大改变中国共产党的角色。1988年党的十三大通过了一揽子改革措施，要求实现党政分开。但是由于1989年事件，这些改革搁浅了。如若这些改革在当时能够得到贯彻，我们今天或许就不会如此关注中国共产党自身的政治发展了。

然而，事实证明，中国共产党依然是具有执政地位的政治机构，党是国家的决策者，国家机构负责执行党的政策。党的高级官员一定也是国家的高级官员，但是反之，则未必成立——尽管国家的高级官员几乎也都是党员，但并不一定同时担任具有决策权的党委领导职务。例如，县党委常委会是最重要的县级决策机构，通常包括11到15名委员。县教育局局长是县政府的重要官员，但在绝大多数情况下，县教育局局长并不是县党委常委会的委员。

接下来，我们看一看中国和世界上大多数国家的不同之处。政党在大多数国家中是一种将具有共同政治观点的人们集合在一起并赢得选举的机制。只有在能够赢得选举的时候，政党才是重要的，因为政党会任命该党党员担任政府职务（要么如英国议会制度那样，通过取得席位获得行政权力，要么像美国总统制和州长制那样，通过选举直接获得行政权力）。一旦胜出者就职，国家事务（而非党的事务）便成为（至少在理论上成为）最重要的考虑因素。

在中国，执政党是国家的指导者和管理者。党的职务是至关重要的管理职务，而政府职务的重要性弱于党的职务。国家权力结构的变化并不一定意味着党的权力结构也发生了改变。然而，党的权力结构发生变化必然会改变国家权力结构。因此，党内开展半竞争性选举事实上比选拔乡镇长或者县乡级人大代表的半竞争性选举更加重要，至少在中国政治发展的现阶段是这样。

乳山市党内民主改革

现在我们来看看位于山东半岛的一个东部城市——乳山市发生的党内民主地方试验。乳山市总人口为58万，其中有4.3万名党员。乳山市下辖15个乡镇，601个行政村。在中国经济幸运地得到发展的环境下，乳山市（县级市）经济发展的成绩也名列前茅。2004年，乳山市跻身中国经济发展百强县。之后乳山市依然保持着经济的快速发展，2006年和2007年，乳山市的经济发展排名分别提高至第54名和第35名。

乳山市的改革在某种意义上说是"地方性"的，因为中央政府并没有为乳山市制定其具体的发展形式。然而，这些改革直接反映出2002年中国共产党领导层权力发生转移，胡锦涛和温家宝在党的十六大后分别当选国家主席和总理，此后党中央的政策的确发生了转变。相比上一届领导集体而言，新一届党中央领导集体似乎对提高党内民主、增强政党体制更感兴趣。在随后的许多年里，"党内民主"成为报道文章中使用频率最高的政治词语（尽管对"党内民主"一词的界定尚不明确）之一。中央高层对党内民主的认同便为地方官员尝试新思想、开展地方试验带来了发展空间。

从2003年起，乳山市党委领导便开始对地方党代会的会议进行调整，增强党员在政治进程中的参与程度，并在选拔乡镇党委书记和县党委委员时，引入了竞争性直选。

在改革发生以前，乳山市同中国其他地方一样，每5年召开一次地方党代会。在两次党代会召开之间长达5年的时间间隔中，地方党委领导不需要以任何正式或制度化的形式向地方党员进行汇报。党代会是一种参与程度不高的制度，这是不足为奇的。地方党委领导对取悦更高一级党委领导的兴趣远超过了与其所谓的支持者——地方党员交流的兴趣。因此，将召开县党代会会议的频率增加至每年举行一次，要求党委领导向与会代表汇报完成工作情况，聆听代表们的讨论和意见便成为一个具有意义的改革。自2004年起，乳山市各县和乡镇的地方党代会每年均召开一次会议，提高了地方政治进程中党员代表的参与程度。

为了强化官员的责任意识，改革试验还要求每一位地方领导的报告在每年的党代会会议上都要接受无记名民主测评。没有按规定达到一定支持率的官员将不得不努力提高他们的工作能力，或者面临免职的危险。根据新规定的要求，如果领导干部获得的赞成票低于投票人数的80%，那么他将不能获得职务晋升；如果领导干部获得的赞成票低于投票人数的60%，那么他将调离现有岗位，到其他岗位就职；如果领导干部获得的赞成票低于投票人数的50%，那么他将受到一次警告；如果连续两次获得的赞成票均低于投票人数的50%，他将不能够再继续担任领导职务。

这样的标准无疑给乡镇党委领导带来了一种尚未习惯的压力。一项阐述乳山试验的案例研究引用了徐家镇党委书记王伟的一段话："我们必须努力工作，因为我们要在每年的会议上接受工作测评和审议……之前，我们只向上看，关注上一级领导，但现在我们至少要有一只眼睛向下看。"

试验的另一个部分改变了选拔县党代会代表的方式。乳山市在三个镇（冯家镇、口镇和徐家镇）的党代会选举中引入了半竞争性选举机制。在那以前，党代会代表的候选人都是由上级党委直接指定的。也就是说，乳山县级党委会为全县的15个乡镇指定党代会代表候选人。镇上的党员会适时给这些指定候选人投出赞成票，尽管或许他们事实上根本不了解这些候选人。然而，在改革的推动下，指定候选人的过程也公开化了。在大多数选举中，候选人不只有一个。在投票之前，所有的候选人都根据要求将自己展现在该镇党员面前，接受无记名选举。2004年3月，这三个镇共有507名党员作为自荐候选人竞选他们各自镇党代会的代表。经过选举，284位自荐候选人竞选成功。

乳山市调整了党代会会议的召开频次，使参与程度更高的会议变得更加有助于推动党内责任机制的发展。乳山市还在选拔党代会代表时引入了半竞争性选举机制，并在选拔乡镇和村级党委书记以及党委会委员等党的各级核心权力职务的人选上引入了直选机制。试验的目的仍然是放弃参与程度不高的现有选拔干部的方法，即县党委书记从他个人熟悉的干部中任命乡镇党委书记，之后，乡镇党委书记任命村党支部书记。尽管党代会也有投票环节，但是投票只是为了确认唯一的候选人，并非在多个候选人中作出选举。而乳山市则着手提高党员在选拔领导干部中的参与程度。

在乳山市首创精神的鼓励下，乳山市在选拔乡镇党委书记和其他党委成员时通常遵照以下规则：首先，县级党委不指定候选人。县级党委只制定规则，决定哪些空缺的岗位将进行公开选拔。只有党代会代表才能够参加投票，选出党委书记、党委副书记以及其他党委委员。县级党委公布选举规则，并鼓励所有的党员参与选举。

其次，预选候选人可以自我任命或者由乡镇党代会代表任命。

在冯家镇，33名党员被提名为预选候选人。在乳山口镇，28名党员被提名为预选候选人。

再次，预选候选人的资格经由县级党委审核。冯家镇的33名预选候选人中的14名通过审核。在乳山口镇，16名预选候选人通过审核。在徐家镇，3名候选人竞争镇党委书记的职位，7名候选人竞争党委副书记的职位，9名候选人竞争其他党委委员的职位。

第四，通过无记名投票开展真正的选举竞争。每一位候选人都要在党代会上发表竞选宣言。这是候选人在公众面前展示自我的契机，也为党代表提供了一个了解候选人本人及其想法和理念的机会。之后，党代表进行投票，选出镇党委书记和其他党委委员。

吸收民营企业。各级党委会委员无一例外都是在党委会工作的全职干部。而乳山市则尝试在乡镇党委中（通常包含9名委员）吸收两名"兼职委员"。这两名"兼职委员"是来自民营企业的党员。"兼职委员"同样经由党代会竞争性选举产生。这种改革主要基于以下两个原因：其一是扩大了选举产生的职位数量；其二是乡镇级的重要决策机构吸纳了来自民营企业的力量。

例如，刘芳友是徐家镇外商投资食品企业——华隆（乳山）食品有限公司的总经理。他被选为徐家镇党委的兼职委员之一。在这些委员中，刘芳友为徐家镇新工业领域的发展提供了一系列具有价值的思想和观点。

将民营企业的党员吸收为地方党委委员是中国共产党作出的一个重要变革。1978年以前，民营企业是中国社会主义思想意识中的敌对势力。1978年改革之后，国家允许发展民营企业，特别是1992年之后，中国明确地鼓励民营企业的发展，民营企业成为社会发展新的重要动力之一。1989年中共中央颁发的一份文件（9号文件）规定，私营企业主不能成为中国共产党党员。然而，事物却处在不断变化中。20 世纪 90 年代，中央高层对此展开了讨论。随后在 2000 年，江泽民总书记提出了"三个代表"的概念，即中国共产党应代表中国先进生产力的发展要求，代表中国先进文化的前进方向，代表中国最广大人民的根本利益。相对于中国共产党长期以来代表工人和农民的性质，"三个代表"的思想发生了巨大变化。江泽民把民营企业视为先进生产力的一部分，这样便为吸纳民营企业主加入中国共产党铺平了意识形态合法化的道路。在庆祝中国共产党成立 80 周年的大会上，江泽民重申了他的"三个代表"概念。随后在 2002 年，"三个代表"概念写入党章，正式为民营企业主打开了加入中国共产党的大门。

自 21 世纪初期以来，越来越多的民营企业主加入了中国共产党。当时这些党员无一被任命到或者被选入任何党委的决策机构。民营企业主成为地方党委委员的第一例似乎就出现在乳山市。

吸纳群众。从 20 世纪 90 年代初期开始，中国共产党开始允许，甚至鼓励在 66 万个行政村（涉及 13 亿中国人中约 7 亿人）中开展半竞争性直选。这些选举主要是选拔村委会（不是党委会）委员，其竞争性越来越强，选举程序也愈加公开透明，覆盖了约 60% 的行政村。但是村党支部书记仍然由乡镇党委直接任命。也就是说，村党支部书记是自上而下被赋予权力，而村委会领导则是自下而上被赋予权力，这两个职位权力来源的不同可能会引起冲突和矛盾。不同的地方尝试用不同的方法来解决上述这个问题。乳山市是最早尝试使非党员村民参与村党支部书记选举的地方之一。

2004 年，乳山市选择 120 个村——约占 20% 的村庄——来试验这种新的方法。改革要求在乡镇党委指定村党支部书记候选人之前，先开展一次民意测验。就该村每位党员受村民的欢迎程度在非党员村民（通常非党员村民占村民总人口的 90%—95%）中进行测验。

之后，乡镇党委选择超过一定支持率（比如说30%或是50%）的党员作为候选人。该村的党员再从这些候选人当中投票选出党支部书记。这种选拔任用村党支部书记的方法使一些村民表达出自己意见，同时党委也掌握了党支部书记这个重要职务的最终决定权。开展这种选举形式的目的是为了能够更好地平衡村支部书记和村委会领导之间的关系。2007年，乳山市一半的行政村都采用了这种新的机制选拔村党支部书记。

雅安故事

在远离沿海城市乳山市，深居中国内陆的四川省内，雅安市领导同样面临着如何使政党体制更加高效和负责的问题。2003年，雅安市党委组织部选取了两个所属县——雨城区（县级）和荥经县作为尝试改革的试点县。

雅安市被选为党代会改革的试点城市。改革的内容主要是使党代会成为一种更加重要的制度。选择雅安市作为改革试点，一部分原因在于雅安市在很多年以前，曾是乡镇半竞争性选举的试点地区。2001年，雅安市的174个乡镇和1110个行政村开展了半竞争性选举。在这些选举中，64名现任乡镇干部、181名现任村党支部书记和215名村委会现任领导在选举中落选，而更为受到群众支持的一些年轻干部则在选举中顺利当选。这些变化为在雅安市进一步开展改革营造了氛围。引入半竞争性选举引发了在选拔更高职务领导干部时也采用这种机制的要求，也使政党—国家体制下的官员和普通公众更加认可这种新的实践方式。就上述这两种意义而言，雅安市和乳山市面临的情况是极为相似的。

同乳山市及中国其他地方一样，雅安市仅仅每5年召开一次县党代会，且党代会应该审议县党委领导的工作。县党代会代表通常由县党委挑选和任命，甚至有时代表人选仅仅是由党委书记和其二至三名关系密切的同事决定。雅安开展的新试验就是在选拔县党代会代表中引入半竞争性直选，并增加党代会会议的次数。

新试验要求任命程序向普通党员公开。只要通过下列几个途径，党员就可以被提名为预选候选人：（1）党员可以自我提名；（2）十名以上党员联名推荐；（3）县党委组织部提名，即传统提名的方式。

雅安市雨城区共有近14000名党员。整个区被划分为82个选区。在1380名预选候选人中，764名为自我提名，376名为十名以上党员联名推荐提名，还有240名是由区党委组织部提名的。自我提名候选人的比例大约占到每个选区候选人总数的25%—45%。

根据《党代表大会选举程序》的规定，现任党员干部不再享有"特殊待遇"。根据姓氏笔画的先后顺序，每一位候选人都要求在大会上发表竞选演讲。一些人建议乡镇党委书记和乡镇长不应遵循这些规定，他们应排在其他候选人的前面，而非排在一起。然而，这些建议并未被采纳，现任领导干部在选举中没有享受到任何的特殊待遇。

荥经县共有党员5456名，736名候选人通过上述三种途径被提名为预选候选人。这些预选候选人经过不记名投票，共有242名成为候选人。竞争是激烈的。教育局共有374名党员，其中348名党员参加了投票，从12名预选候选人中选出5名候选人；卫生局共有129名党员，其中126名党员参加了投票，从7名预选候选人中选出3名候选人。在不同的乡镇，代表各自地区的候选人也以同样的方式接受投票选举。最终，荥经县共选出正式候选人241名。

此外，还有一点与之前选举不同的是，每一位候选人的具体信息都会被公开。在此之前，公众并不熟悉当选的党代会代表，当然也不会被邀请参加对代表资格的评议工作。

荥经县庙港乡党委书记作为候选人之一，受到许多党员的强烈批评。人们认为他做事太过官僚和武断，因此不具备代表党员的资格。选举委员会认真思考了群众的不满意见，但是考虑到党委书记的人选应当交由所有党员做出决定，因此选举委员会还是认可该党委书记的候选人身份，接受党员的投票。根据选举规则的规定，只有获得50%以上支持率的候选人才能够成为党代会代表。

每位候选人都要向选民做竞选演讲。即使是县党委书记也要与选民见面，遵循选举规则，尽管在此之前，县党委书记可以直接当选党代会代表。荥经县党委书记或许是中国1949年以来需要竞选县党代会代表职务的第一位县党委书记。

最终的结果是，共有6位现任领导落选，包括庙港乡不受群众欢迎的那位党委书记、雨城区姚桥镇党委副书记、沙坪镇镇长、西城乡党委副书记、粮食局局长和计生局局长。无论是对党的干部还是党员来说，选举对于他们来说都是一种全新的经历。据说，庙港乡党委书记在落选后曾失声痛哭。这个结果对于他和这些曾经是地方高官，享有特殊权利的落选者而言，是一种巨大的打击。按照规定要求，如果曾就职领导职务的干部，比如乡镇长或是党委书记落选，县党代会仍会对他能否提高工作能力进行考察。半年之后，县党委组织部将会在他的选区组织一次考核。如果他所获得的支持票没有超过投票总数的2/3，那么他会被当场免职。

2004年7月，一项后续研究显示，落选半年后，庙港乡党委书记在组织部组织的考核中，所获得的赞成票没有超过规定票数。因此，他不能够再继续担任党委书记一职。

GONGOs 的改革：河北省迁西县村妇联主任的选举

第三个案例我们不再阐述政党政治领域的选举改革，而是来看看群众组织或者政府组织主导的非政府组织（GONGOs）的变化。我们先从中国城市工业化的快速发展来探讨群众组织改革的重要背景。随着城市对劳动力需求的日益增加，许多劳动力，特别是男性劳动力从农村来到城市，农村人口大多数只剩下妇女、儿童和老人。在距离北京不远的河北省东北部的迁西县，妇女承担了至少 60% 的农业劳动，而之前这些劳动都是由男性承担的。在一些村子里，除了村干部以外，几乎很难再看到村子里还有男性劳动力。因此，女人几乎成为主要的农业劳动力。

然而，村委会的女干部比例却很低，女干部数量急剧下滑。只有 70% 的女性参与了迁西县第四届村委会（1997 年）的投票，竞选成功的村委会成员中只有 12% 是女性。1998 年新颁布的《村民委员会组织法》规定村委会应当采用半竞争性选举的方式产生村委会成员。然而，该法规取消了在村委会成员中，必须要有妇女成员的规定，而是仅仅提到"村民委员会成员中，应当有妇女成员"。因为大多数被边缘化的农村妇女不具备竞争的能力（或许也不愿意参与竞争），因此，妇女参加选举的数量急剧减少。民政部颁发了关于保障妇女在村委会成员中留有适当名额的紧急意见。大多数人相信，除非妇女能够提高自身能力并乐于参与政治活动，否则这种妇女干部数量减少的现象是难以改变的。

这些现象为大多数清闲的县级妇联组织找到了发挥自身新价值的方式，并将这种方式视为一种推动妇女参政的机制。妇联隶属于政府组织，接受政府组织的领导和资金支持，但是由于妇联没有行政权力,因此它也像是一种社会组织。这种"准政府"机构之前主要对上级党委和政府负责,而不是对那些他们表面上应该服务的利益群体负责。1990年代的迁西县妇联也不例外。

迁西县妇联在回应村委会选举中妇女候选人数量锐减现象日益严重这个问题时,邀请民政局共同探讨如何克服农村地区根深蒂固的性别歧视观念以及女性候选人缺乏竞争力的现象。那时,人们大多忽视了每3年举行一次妇女代表大会的规定,妇女代表大会的代表也往往仅由村党支部书记直接指定。由于这些干部常常是任职终身制,因此他们缺乏参与了解村民的动力,但即使如此,他们仍主导着妇女参与政治活动的进程。于是,妇联认为,解决这一现象的方法是改变妇女代表大会的参与方式,采用直接选举的机制。目前规定,妇女代表大会的选举应在村委会选举当天或者之后进行。然而妇联则决定将妇代会选举的时间提前至村委会选举前一个月,这样使得在妇女代表大会竞选成功的候选人在村委会竞选中更具竞争力。

决定一经做出,妇联便开始在迁西县尝试改变妇女的政治参与度。县人大、县政府、民政局和党委联合组成了专门工作小组,在过渡时期对新的妇女代表大会的选举工作进行指导。在他们的帮助下,妇联开展了一项选拔和培训候选人的宣传和教育计划。1999年夏,整个迁西县举办了多次培训会议,并选拔了100名令人印象深刻的候选人继续参加10月份的培训。12月,前坡村举行了一次模拟选举,全村363名妇女中的360名参加了这次试点选举,聆听了7名候选人所做的竞选报告(大约200名男性村民旁观了这次选举)。其他50个行政村中也开展了类似的具有多名候选人、妇女参与度高的试点选举。

这些选举使迁西县妇女代表大会成为一个更年轻、更有知识和活力的组织,并与妇联所服务的广大村民更加紧密地结合在一起。第一次试点选举胜出的候选人随后被选为迁西县妇女代表大会代表,并入选她所在村的村委会。参加选举的选民比例从 70% 上升至 96%,入选村委会的妇女比例从 12% 上升至 26%。到 2002 年,迁西县妇联还在迁西县 17 个乡镇所属的 417 个行政村中尝试开展村妇联的直接竞争性选举。

总之,改革为广大妇女的参政开辟了一条新的道路。为了实现这个目标,迁西县妇联在如何改变边缘化群体方面做出了大量的改革。妇联所进行的这种改革并不依赖于政治体制所指定的代表,而是将权力赋予广大农民,让他们直接参与政治竞争。

结　论

选举竞争在政党——国家体制中居于最边缘的位置,是传统共产主义体制愿意接受的最后一件事情。在 1999 年 1 月,《南方周末》报道四川省步云乡举行半竞争性直接选举之后,国内许多媒体纷纷转载了这一消息。然而,一家北京的报社却发表了一篇批评改革的文章。《法制日报》认为,半竞争性选举违背了宪法的要求。根据宪法规定,乡镇长应当由乡镇人民代表大会选举产生,而并非由乡镇居民选举产生。随后,谣言四起,人们纷纷猜测中央政府不止一次地命令地方政府依据法律开展选举。

高层的反对态度意味着半竞争性选举(不同于党内投票)很难快速在中国迅速发展起来,但反对态度的性质仍然值得注意。20 世纪 90 年代以前,中央在评论类似的选举形式时,使用的是谴责反革命或资本主义行为的政治或意识形态上的激烈言辞,而现在则并非如此，反对只是基于法律条款的技术问题，在中国环境下，这意味着选举问题是可以讨论的。对半竞争性选举批判的结果是，在之后开展的乡镇半竞争性选举中，居民通过半竞争性选举的方式选拔乡镇长的候选人。一旦居民选出候选人，乡镇人大就会为居民选出的候选人进行投票，如此便可符合乡镇长必须由乡镇人大选举产生的法律规定。然而，在实际上，乡镇长具有了由居民选举产生的合法性。

地方官员不愿效仿上述试验，不仅因为存在意识形态上对半竞争性选举的敌意以及中央表示了对半竞争性选举的担忧，而且存在非常现实的理由，那就是半竞争性选举会削弱地方党委书记任命官员的权力。自动放弃重要的权力来源在任何地方从来都不是雄心勃勃——更不必说贪腐——的官员通常会做的事情。

然而，尽管发展速度非常缓慢，半竞争性选举仍然在越来越多的村以及更高层级的乡镇和县开展起来。地方党委书记愿意分享权力主要是为了安抚愈加独立的地方居民，甚至在很多情况下，是为了平息地方居民的不满情绪，不得已而为之的做法。然而，在同样面对公众发生改变的情况下，并不是所有的地方党委书记都会选择半竞争性选举作为一种解决途径。大多数地方党委书记似乎还是更倾向于采用胡萝卜加大棒的传统解决方法，即执行严厉的国家权力和给予经济利益的手段。只有在那些经济资源并不丰富，同时党委书记也比较开明的地区，半竞争性选举才有可能在当地开展起来。因此，中国的半竞争性选举有两点是值得关注的。其一，半竞争性选举正在发展之中；其二，半竞争性选举在中国的发展速度非常缓慢。

中国共产党似乎还没有注意到半竞争性选举的另一个方面，那就是即使在自由和公平的选举中，中国共产党都非常擅长使自己偏好的候选人赢得选举。因此，一方面，在半竞争性选举中赢得选举的候选人通常都是党员；另一方面，尚未进行过半竞争性选举试验的中央和地方政府担心党的候选人无法赢得选举。这种担心，而非意识形态的考虑，才是中央关注或反对半竞争性选举的原因。

然而，在过去20年里，所开展的众多半竞争性选举已经证明了中国共产党具备组织有意义的半竞争性选举的能力。中国共产党也非常善于提高自己偏好的候选人的竞选优势。随着未来越来越多半竞争性选举的开展，中国共产党会更加适应竞争，并对自身公平赢得选举的能力更加自信。

与那些接受公众投票的选举相比，中国共产党显然在党内选举中更有自信。党内选举或许并不足以促进整个社会的民主化进程，但是却似乎有可能改变党内传统的纵向权力结构，从而形成横向的责任制度。此外，党内民主似乎还可以使中国共产党更加了解并熟悉竞争性选举。

在中国共产党在各地谨慎地开展半竞争性选举试验的同时，广大社会表现出对竞争性选举的热情。媒体，特别是新媒体对竞争性选举进行了广泛地报道。独立代表竭力监督地方官员的行为，引起了地方官员对他们的不满甚至报复，但他们却得到了媒体大量的同情性报道。虽然并不是每位独立代表都能得到媒体的关注，引发公众的讨论，然而人们确实能看到越来越多的独立代表受到了媒体和公众的公开关注和讨论，这在之前是没有的。

许多中国观察者对这些选举试验所带来的影响持有怀疑态度。他们强调，中国共产党仍然牢牢控制着重要职位的任命权，并在很大程度上主导着选举程序。他们还指出，尽管中国共产党出于合法性的考虑，对在村级以上的行政层级开展半竞争性选举进行了讨论，但是中国共产党即使在相对基层的乡镇一级都普遍反对实施半竞争性选举。这都是事实。但是,地方和中国共产党自身仍在进行试验。试验开展得越多,公民就越能了解选举的思想和机制。现在的问题并不是中国共产党是否会采纳全局性的选举改革,而是未来进行更加广泛的改革的基础是否正在被奠定。

第四章 公民社会

2010年,《费城问询报》国际事务专栏作家特鲁迪·鲁宾(Trudy Rubin)在赴中国的旅途中写下这样一个故事:

去年年底,艾滋病活动家托马斯·蔡(Thomas Cai)突然接到参会通知,邀请他第二天在北京参加一个神秘会议。

托马斯是著名非政府组织——中国爱之关怀的创办者和负责人。爱之关怀是为艾滋病患者和艾滋病家庭提供帮助的首批社会团体之一。然而,托马斯并不知道他会在中国的首都接受谁的会见。令他十分吃惊的是,他和另外11名科学家受了到胡锦涛主席的会见。

托马斯在回忆这次会见时说:"在谈话之前,我们并没有得到任何指示。"相反,胡锦涛主席对托马斯说:"不要只说好的方面,而是坦诚地谈谈"艾滋病的问题。最终,胡锦涛主席聆听了三个小时参会者对中国基层健康问题真实细节的谈论。

然而,即使这位艾滋病活动家受邀会见了中国最高领导人,但是中国爱之关怀仍无法登记成为官方认可的非政府组织。托马斯说,"我们所得到的认可越来越多,但是仍然没有被正式承认"。①

正如鲁宾写到的那样,中国政府矛盾重重。政府了解到国家需

---

① Trudy Rubin, "NGOs a Paradox in Today's China," Philadelphia Inquirer, May 23, 2010, www. internationalreportingproject. org/stories/detail/1559/.

要像中国爱之关怀这样的组织来关注国内众多的社会和环境问题，提供国家已不再提供（或者从未提供过）的服务，但却又担心它们对现有体制形成威胁。结果，社会组织在得到官方认可的同时又受到官方的限制。社会组织的规范与实施方式或许今后会为我们带来困惑。正如托马斯所认为的那样，中央政府也许会支持非政府组织的发展，但地方政府却在逃避这一现实。

然而，大量的各种类型的社会组织在中国仍然不断涌现。许多组织经过合法登记后，与地方政府开展着密切合作。还有许多组织则回避了成为合法非政府组织机构需要满足的种种要求，选择登记为非盈利或盈利企业，或者根本不去登记。地方政府尝试修订规章条例，使公民团体能够成为一种承担部分提供社会服务的责任，却不承担太多风险的独立机构。即使像中华全国总工会或者全国妇联等毛泽东时代创办、至今仍保留下来的"群众"组织也正在尝试改变他们与会员之间的关系。

国家—社会关系中的"社会"方面是复杂、难以理解的，并影响着中国政治的发展轨迹。从商会到环境倡导组织，再到传统宗族组织的再次出现，社会正处于飞速自我组织当中。无疑，中国社会组织呈现出一种急速增长的趋势。自1970年代末改革开放政策实施以来，政党—国家体制逐渐减少了对许多领域的干预，国家逐渐难以满足日益增长的社会需求，因此，公民为追求自身利益而成立团体的空间也得以产生。数以千计或许数以百万的组织如雨后春笋般涌现出来。

这些社会组织对于理解中国未来的政治发展至关重要，因为社会组织的发展情况将在一定程度上决定着中国能否产生民主得以发展的环境。几个世纪以来的经验证明，公民社会远比选举更能推进民主发展的进程。从本质上讲，民主体制需要公民权。所谓公民权是指在某种政治体制内，公民拥有参与和知情的权力，从而能够并愿意一同解决共同问题。这种集体约定的能力并不会自动成为民主进程的一部分。相反，民主会在另外一种环境中产生，即当一个社会已经知道如何在"公民社会"中共同工作的时候，有效的民主才有可能出现。社团生活的活跃度以及社团生活所涵盖的社会资本和组织技能是评判民主体制能否确立的重要指标。

然而，中国公民社会的发展道路并不平坦。一个世纪以来的战争和革命，以及"文化大革命"引发的社会混乱都破坏了既已存在的社会关系。这种差距显而易见，每年爆发的数以万计的抗议，甚至有时会出现暴力抗议，都鲜明地体现出这种差距的存在。由于非常抵触公民社会的发展，政党—国家体制竭力严控这些组织的规模与活动领域，并再三严厉地制裁那些被认为有可能挑战权力的组织。

公民社会是一个难以理解且具有争议的概念，它几乎涵盖了各种家庭以上层面的非盈利、非政府社会组织，包括鸟类观察俱乐部、业主协会、工会、商会、专业协会以及人权团体等等。在中国，社团的概念涵盖了现有群众组织、正式登记的非政府组织以及大量未经登记的基层组织，他们的数量正在迅速增长。考虑到社团组织的增长速度和它与党和政府的关系，中国的公民社会情况更为复杂。尽管如此，我们仍可以在一些模式中了解到公民社会的发展方式和其能够适应中国政治环境的众多因素。中国公民社会发展的关键问题在于中央向地方下放了权力，地方官员（既包括那些掠夺成性的政治精英，也包括潜在的改革者）愈加能够根据自己的意愿解读中央政策。

第四章 公民社会

"公民社会"的意义及其重要性

公民社会通常被认为是社会组织中，除家庭以外的"第三部门"，既不属于政府，也不属于盈利企业。然而，公民社会可归并于"其他"类型，是除家庭以外，所有通过自我组织，实现集体目标的组织和联盟。公民社会的规模亦大亦小，既可以是一个国家政党，也可以是一个地方合唱队；公民社会的目标亦善亦恶，既可以出于人道主义救援的目的，也可以基于恐怖主义的企图。只要是追求共同目标，不以商业盈利为目的的非政府集体行为都属于公民社会组织的范畴。

"公民社会"一词已经出现了几个世纪之久，这一概念的形成可以追溯到18世纪的苏格兰启蒙运动，公民社会被定义为是"通过道德情操和自然情感力量凝聚而成的一种团结精神"，这种精神非常强大，足以将人们在一段时间内聚集在一起采取集体行动。[①]（即使在那个时候，不是所有人都认为第三部门的日益壮大是一件不折不扣的好事，因为他们认为第三部门有可能会引发组织之间的矛盾，或者产生个人利益牺牲于集体利益的风险。）

19世纪，法国人阿历克西·德·托克维尔（Alexis de Tocqueville）曾强烈呼吁人们关注代议制政府和公民社会之间的联系。托克维尔分析了19世纪的美国，认为美国人十分享受大量志愿社团

---

① 此处引自 A. Seligman, *The Idea of Civil Society*, New York: Macmillan, 1982, p. 33。

的生活，因此，公民可以在这种环境中形成民主技能和规范。① 20世纪的社会学家也赞同这一观点，认为民主需要"公民环境"，需要公民持有乐于参与政治的态度和习惯，特别是抱有公民能够影响政府的信念。公民不仅通过直接参与政治活动，还通过参加"政治社会化的渠道"②——志愿组织从而获得形成这种态度和习惯的经验。这些组织所富含的文化不仅让人们了解到如何表达他们的共同利益，还教会人们怎样形成联盟和学会妥协——这些都是民主治理的基础。通过参与志愿组织，人们可以学习到如何组织团体、投票、制定约定规则，劝导他人参与集体行动，以及在面对自己与大多数成员观点不一致时，怎样接受不同意见，甚至是失败。从那时起，民主理论者常常断言，社团生活的重要性体现在它是民主政治对抗国家权力的保障，是威权主义国家民主化的机制。③

20 世纪 80 年代末，《华沙条约》缔约国解体之后，这些思想又将"公民社会"的概念推向全球视野之中。由于在此之前，国家在这些社会中一直占据支配地位，所有其他类型的社会组织都被拒之门外，因此，新政府和他们的公民在迅速建立市场经济和民主政治方面面临着巨大的挑战。突然间，这些国家需要找到提供服务、聚合利益、探讨公益事业的新方式，而且还要让具有共同观点和利益的人们聚集起来，形成政治争论的基础。西方的资助者，特别是美国的资助者认为，建立充满活力的独立公民社会组织是解决困境的

---

① Alexis de Tocqueville, *Democracy in America* (trans.), Arthur Goldhammer, New York: Library of American, 2004.

② Gabriel A. Almond and Sidney Verba (eds.), *The Civic Culture: Political Attitudes and Democracy in the Five Nations*, Newbury Park, Calif: Sage, 1989, p. 502.

③ Larry Diamond, "Toward Democratic Consolidation," in Larry Diamond and Jarc F. Plattner (eds.), The *Global Resurgence of Democracy*, Johns Hopkins University Press, 1966.

关键，他们可以为整个地区新成立的非政府组织提供大量的国际援助。[①] 自治的公民社会组织之所以至关重要不仅在于它们能够对抗威权主义体制（如波兰的团结工会和捷克斯洛伐克的 77 宪章运动），而且还在于它们是建立责任民主体制的基础。

从那时起，"社会资本"的概念使人们开始重视思考民主和公民社会之间的关系。这一概念能够很容易并且非常有力地解释为何表面看似相同的社会却经历着不同的经济和政治发展模式，特别是能够解释一位著名学者曾说过的一句话——"一些民主体制取得了成功，其他的民主体制则经历了失败。"[②] 社会资本是指遍布各个社会的众多组织将人们密切联系在一起而产生的社会网络。

这些社会网络所产生的价值远远超过了它的既定目标。在一个拥有大量社会网络的社会中，人们常常彼此之间相互影响。这样，人们就会知道，帮助他人或许能够在将来得到他人的回报（即"未来的影子"）。你今天和一位社区运动俱乐部会员的交往也许就能够让第三位俱乐部会员在他所参加的教会组织中向他的朋友谈及你，而这位朋友又恰巧是你想为你的非政府组织寻求捐款的企业合伙人。鉴于这些间接的关系，这位企业合伙人或许就会更加愿意相信你能够正当合理地使用这笔资金。社会组织网络越密集，政治组织的成员就认为人们越值得信赖，并能够指导自己的行为。因此，这种信任和信赖成为民主制度能够取得成功的关键要素。

为了阐述社会资本和中国民主政治发展的关系，我们先来简单

---

① Marina Ottaway and Thomas Carothers (eds.), *Funding Virtue: Civil Society Aid and Democracy Promotion*, Washington: Carnegie Endowment for International Peace, 2000.

② Robert Putnam, with Robert Leonardi and Rafaella Y. Nanetti, *Making Democracy Work: Civic Traditions in Modern Italy*, Princeton University Press, 1993, p. 3.

谈一谈另外一个完全不同的国家：意大利。意大利的民主问题一直以来都是各种争论和研究的主题。其中，哈佛大学罗伯特·帕特南（Robert Putnam）教授的著作最具有突破性。经过20余年缜密的实证研究和深入分析，帕特南教授和他的同事们着手探求几个世纪以来意大利南部和北部在经济和政治上呈现出巨大差别的原因。无论用何种指标来衡量，意大利北部的生活总是优于南部的生活。帕特南和他的同事们就是要研究出现这一现象的原因。

帕特南教授所发现的原因令社会学家们感到震惊，因为他们习惯性地认为民主只能够在那些经济发展到一定水平的社会才能够实现。当然，民主和人均国内生产总值具有很强的关联性。事实上，中国未来政治发展在当今如此重要的一个原因就是中国正在迈入中等收入国家的行列，但同时中国的民主政治发展进程面临着巨大的压力。然而，现代化程度的提高并不会直接带来民主。通过深度探究同一经济发展条件下，不同地方的民主发展状况，帕特南教授发现社会资本的水平——某一群体社会网络的密集度——能够较为准确地预测治理体制的效果。在几个世纪以前，意大利北部地区被划分为若干个规模较小的共和国，而南部地区则被一个中央集权帝国所统治，因此，意大利北部的社团网络比南部更为密集。如今，拥有更加密集社会网络的意大利北部地区比南部地区的经济更加富裕，治理更加有效，人们更加遵纪守法，甚至生活更加幸福。[①]

从本质上来说，密集的社会网络使人们可以在更大程度上取得相互之间的信任。许多人本身就参加了各种组织，因此他们对合作以及掌握维系未来合作的技巧抱有一种积极的态度。由于社团网络数量众多且相互交织，人们很有可能与另外一个人建立关联，至少

---

① Putnam, *Making Democracy Works*, Princeton University Press, 1994, Chap. 4

可以间接建立关联。因此，社会资本能够更容易地实现基于法治的治理。意大利北部地区社会资本发展水平较高，政府干预度较低，而在南部地区社会资本环境较差，政府干预度较高，因此法治更容易在北部地区得到发展。正如帕特南教授写到：

> 由于人们相信他人的言行都会遵循规范，因此社会网络密集的公民社区更容易建立集体生活。如此，他人信守诺言，你也就会遵循这些规范。在社会网络不够密集的公民社区中，每个人都认为他人会违背规则。如果你认为他人不会遵守交通法规、纳税或者享受福利制度，那么遵守这些规则和法律就似乎成为一种愚蠢的行为。①

帕特南教授的著作和许多探究社会资本的文献极大地引发了中国知识分子对这一问题的探讨。一些著名的学者认为，"这些文献为讨论公民团体在中国和西方产生的影响提供了一组全新的词汇。"这组词汇很快就被用来探讨中国政府应当取消对社团组织发展的限制，理由是"公民团体可以推动社会的发展，但却不一定会对国家造成威胁"。② 这一概念引发了众多对现实情况的研究。马秋莎在其具有开拓性的志愿基层组织（从环境非政府组织到京剧票友俱乐部）研究中指出，"基层社团正在孕育成长，它重新唤起了改革以前被政府

---

① Putnam, *Making Democracy Works*, p. 111. 从博弈论角度来讲，强大的社团网络可以使社会中的参与者产生互助互利的期望，从而战胜非合作性游戏中背叛的动机。

② Chan Kin-man, Qiu Haixiong, and Zhu Jiangang, "Chinese NGOs Strive to Survive," *Social Transformations in Chinese Socities: The Official Annual of the Hong Kong Sociological Association*, Bian Yan-jie, Chan Kwok-bun, and Cheung Tak-sing (eds.), Leiden: Brill, 2005, p. 138.

所摧毁的那种人们之间相互信任、互相帮助、集体行动和合作的精神。"①

中国特色公民社会？

目前人们似乎逐渐达成一种共识，那就是中国能否成功引入法治、控制腐败和抑制地方精英的掠夺行为，至少在一定程度上取决于社团生活，即公民社会的活跃程度。然而，中国存在着大量尚未纳入官方统计数据的组织。在种种巨大压力之下，中国的社团生活呈现着或将会呈现何种形态呢？

中国社会组织数量众多且增长迅速已经是一个无可争议的事实。民政部公布的数据显示，截止到 2010 年底，中国共有经过登记的社会团体（通常是会员团体）24.3 万个，民办非企业机构（通常是事业单位而非会员组织）19.5 万个，以及基金会 2168 个。② 这些数字可以令我们感到社团生活已经变得愈加重要，但是官方数字却几乎没有显示出社团生活的重要性体现在哪些方面。由于对非政府组织和其他社团组织的管理规范过于严格，因此这些组织越来越倾向于抛开这些管理规范而开展工作。然而，只要这些组织能够为合法目的服务，或者具有讽刺意味地说，能够为某些官员的目的服务，政府通常便能容忍这些组织的发展。

当然，西方独立自治的社会组织模式通常与中国政党—国家体

---

① Quisha Ma, *Non-governmental Organizations in Contemporary China: Paving the Way to Civil Society?*, London: Routledge, 2006, p. 110.

② 参见民政局网站（http://files2.mca.gov.cn/cws/201101/20110130160410749.htm）。基金会更倾向于采取基金会的，而非慈善组织的运作方式。

制所理解的模式不尽相同。中央政府似乎总是沿着被社会学家称为"国家—社团主义"（state corporatist）的模式进行思考。在"国家—社团主义"模式中，国家命令并控制着社团，仅允许他们在调节各方利益纷争方面发挥有限的作用。① 由于政党—国家体制放松了对经济的控制，因此发展中的市场经济便开始产生大量利益分歧。在许多情况下，中国政府在回应社会对新中介行业协会（intermediary trade associations）的需求时，只是简单地把政府的工业局直接改制为"非政府"的行业协会。② 由于中国逐渐放弃了单位本身就能够提供社会服务的"铁饭碗"体制，因此，政党—国家体制开始积极鼓励服务提供类组织的发展，以此来满足新出现的边缘人群的需要。我们下文会谈到，少数现有的"群众组织"也开始发生改变，这些群众组织过去是国家唯一允许存在的"非政府"形式的社会组织。然而，大多数这些"群众组织"仍然听从于政党—国家体制的命令而不是代表他们会员的利益。同时，各种类型的基层组织（通常是未经登记的基层组织）数量在中国似乎呈现出一种爆炸式的增长，越来越多的组织使用"NGO"这个来自于西方的词汇，并且经常与

---

① 社团主义的经典定义来自于施密特（Philippe Schmitter）1979 年对社团主义体制的定义，他认为社团主义体制是一种国家创办并管理利益的体制。在这种体制中，利益被划分为有限的几种类型：单一、强制性、非竞争性、等级制以及不同功能的类型，并且它的活动受到领导层和需求的限制。陆艺艺在"NGOs in China: Development Dynamics and Challenges", *China's Opening Society: The non - state sector and governance*, Yongnian Zheng and Joseph Fewsmith（ed.），London：Routledge，2008, Chap. 2, p. 147, n2 中引用了 Philippe C. Schmitter and Gerhard Lehmbruch（ed.），London：Sage，1979, p. 13 中的定义。如若深入了解社团主义的应用和公民社会方法的不同，从而理解中国社团组织的地位，请参见 Jonathan Unger（ed.），*Associations and Chinese State: Contested Spaces*, Armonk, N. Y.：M. E. Sharpe, 2008。

② Ma, *Non - Governmental Organizations in Contemporary China*, Routledge, 2009, pp. 136 – 42.

国际非政府组织保持联系。

然而,考虑到中国治理结构和经济体制的特殊性,"独立自治公民社会"模式和"国家—法团主义"模式都无法告诉我们中国社会组织领域的发展现状,更不要说能够预示中国社会组织的未来发展了。几十年来,中国这种政党—国家体制压制着所有的独立社会组织,并仍在极力阻止公民追求团体利益。中国经济的快速增长带来了现代社会中通常都会存在的混乱现象。在这种情况下,中央政府尝试将列宁主义的党主导一切的模式和部分市场经济结合起来。① 这样,社会团体的政治空间就被缩小了,使得社会团体难以制衡国家权力。同时,尽管中国民营企业非常强大,但是国有企业仍然占据着中国经济总量的主要份额。② 考虑另外两个部分的特殊性,中国的"第三部门"或许与其他国家的"第三部门"不尽相同。③

---

① 如欲阅读关于中国共产党如何为适应 21 世纪而努力自我调适的精辟分析,参见 David Shambaugh, *China's Communist Party: Atrophy and Adaptation*, Woodrow Wilson Center Press and University of California Press, 2008。

② 如欲了解对中国企业中民营部分的分析,参见 The special section of *The Economist*, March 11, 2011.

③ 许多中国学者非常赞同以中国自己的方式评价中国社团生活:"这里的关键性问题并不在于社团是否摆脱国家控制,成为自治组织,而是在于人们在一些结构性的组织中,彼此之间关联的程度。"Shaoguang Wang and Jianyu He, "Association Revolution in China: Mapping the Landscapes," *Korea Observer*, 35, No. 3 (Autumn 2004), p. 489。陆艺毅认为,中国现实的复杂性需要更加深入的制度主义分析。中国的政党—国家体制并不具有统一性,这种体制是由众多参与者组成的不断变化的复杂整体。公民社会组织所涉及的范围非常广泛,即包含完全基于国家的组织,也包含完全基于社会的组织。他们的具体目标也不尽相同,并采取各种方法参与体制,实现各自目标。然而,这些都无助于我们依据自治程度对中国的非政府组织进行分类,因为这些分类通常比他们对目标和行为的阐述更加隐晦。因此,理解公民社会组织和中国未来政治发展轨迹的方法并不在于对组织自治程度的研究,而应该对国家和社会分别进行制度分析,探寻每种制度中参与者的激励机制。Yiyi, Lu, NGOs in China, Chap. 2。

第四章 公民社会

中国并不是一个单一的整体，尽管这一明显的事实常常被人们所忽视，但这的确令我们更加难以理解中国的公民社会。许多政府部门或许觉得公民社会团体令人厌恶或者恐惧，但是环保部等其他一些部门则会认为这些团体在平衡政府部门间的权力方面发挥了一定的作用。而且，1978年的改革强化了中央权力的下放。如今，或许中央政府希望公民社会能够在一些特定的领域得到发展，但是目前，公民社会能否得到发展的决定权通常掌握在地方政府的手中。

同其他国家一样，外部世界对中国的影响日益增强。在过去几十年中，为了维持政治和社会的稳定，中国领导人一直采取对外开放的协商策略。中国在全球经济一体化过程中获得了巨大利润，并且非常在意世界是否将中国视为一种负责任的力量。作为对外开放的一部分，中国允许国际非政府组织和福特基金会等国际基金会推动中国公民社会的发展。国外基金会不仅对那些大部分或者全部资金都借助于外部力量的小型利益组织而言至关重要，而且还推动了公民社会团体之间的横向交流。中国NPO网络就是一个典型的例子。为了加强彼此之间的沟通，许多中国非政府组织负责人于1989年在北京发起了NPO网络。由于缺少资金和政府支持，NPO网络的资源严重匮乏。随后，世界银行、福特基金会和许多国际非政府组织都对NPO网络给予了支持，这极大地促进了正在迅速成长的中国公民社会之间的横向联系。[①]

中国公民社会的复杂性为我们提出了许多问题，这也是理解中国未来政治发展的关键所在。公民社团的成长能否制衡，或者最终能否制衡国家权力？如果可以的话，公民社团又将在多大程度上制

---

① Ma, *Non - Governmental Organizations in Contemporary China*, Routledge, 2009, pp. 186 - 87.

衡国家权力？社会资本反映公民社会的发展程度，它的形成过程和范围又是怎样的？公民社会和现有政府机构如何相互影响？两者之间的关系预示着什么？政党—国家体制究竟能否控制公民自我组织的快速增长，只从中获得经济和社会价值，而不改变国家和社会的基本关系呢？

从毛泽东到非政府组织：中国社团生活的发展

社会组织对于中国来说并不陌生。宗族组织已经出现了上千年，但是这种带有家族性质的组织通常并不属于我们在这里所讨论的自愿利益组织类型之中。传统的花会（flower clubs）、香会（incense clubs）和寺庙社团（temple clubs）等组织几十年来都在一些领域中，为推动社会融合发挥了重要作用，甚至在1949年革命之后，他们仍然发挥着巨大作用，尽管在1966—1976年"文化大革命"期间这些组织受到影响。[1] 中国第一个非宗族公民组织强学会是改革派的政治团体，它成立于清政府奄奄一息的19世纪末期。1896年，强学会在仅成立5个月之后，便遭到清政府的查封，但同时也迎来了志愿组织的发展浪潮。1911年，清政府被推翻，中华民国成立，此后再次迎来志愿组织的发展浪潮。1911年后的志愿组织发展浪潮汇集了数以百计的政治组织和数以千计的商会。在国共内战时期，国民党和共产党还成立了数百个工会和数千个农会。[2]

---

[1] Chan, Qiu, and Zhu, "Chinese NGOs Strive to Survive," *Social Transformations in Chinese Societies*, Bian, Chan, and Cheung (eds.), p. 145.

[2] Wang and He, "Association Revolution in China."

但是从 1950 年代毛泽东巩固政权到 1966 年"文化大革命"开始的这一时期内，事实上，所有的社会组织都被归并为中国共产党领导下的少数群众组织。这些组织的任务就是帮助党管理国家，而不是回应公民的利益。在"文化大革命"十年混乱时期，社会组织的工作基本停滞。① 虽然我们无法找到中华人民共和国成立之后前几十年的数据，但是我们可以推测出，在 1978 年改革以前，中国几乎没有成立任何新的社团组织。②

在经历了 1979 年至 1981 年政府允许公开辩论的这段短暂时期后，全面的经济改革和党内精英对政治改革的讨论便在 20 世纪 80 年代开展起来。随着国家放开管制的领域逐渐增多，新的社会团体以及对社会角色和分工方式的新思考拥有了更多经济和社会上的空间。党外知识分子与党内信徒（party-based believers）在政治改革方面也开展了密切地合作，他们不仅创办了期刊和智囊机构，还举办会议探讨中国政治的未来发展。然而，由于这种大刀阔斧的经济改革方式造成了通货膨胀和失业率的增加，打破了社会保障的铁饭碗体制，到了 20 世纪 80 年代末，这种社会动乱发展成为 1989 年事件。从那以后，政府便开始谨慎地对待再次引发社会运动的一切可能。1990 年代，国家设定了两元目标体制，其一是促进经济增长，其二是维护中国共产党的执政地位。在这种背景下，公民社会组织便悄然产生了。③

---

① Ma, *Non-Governmental Organizations in Contemporary China*, Routledge, 2001, p. 61.
② Wang and He, "Association Revolution in China."
③ 如欲了解知识分子在中国公民社会发展中所起到的作用，参见 Jean-Philippe Beja, "The Changing Aspects of Civil Society China," *China's Opening Society*, Zheng and Fewsmith (eds.).

政府很快发现仅仅依靠自身力量无法应对整个国家所面临的众多社会和环境问题。改革政策虽然促进了经济的快速增长，但也反过来造成了社会的混乱和环境的极度退化。当意识到自身无法解决这些问题时，政府便开始寻求与众多社会组织合作的新方式。20世纪90年代末，政府发起了一场"社会福利社会化"的运动，旨在促进营利和非营利民营部门提供各种社会服务和扩大非政府组织的服务领域和范围。① 但是为了确保政党—国家体制，这场运动同时还伴随着国家对公民社会组织的严格管理。比如1998年政府颁布了严格的管理条例，要求非政府组织实行"双重登记"机制，导致一些社会组织无法继续生存。②

中国向世界开放的决定必然会带来国外对公民社会组织角色定位的思想。另外一个对中国社会组织发展起到重要作用的则是一场国际会议——1995年在北京召开的第四届世界妇女大会。这次会议本身是由联合国组织的政府间会议，但是如同所有联合国组织的规模宏大的会议一样，这次会议也举办了许多非政府组织论坛。尽管中国政府将非政府组织论坛的会议地点设置在离北京35公里以外的怀柔（这令众多参会者甚是恼火），但是非政府组织论坛仍向数以千计的中国参会者有力地介绍了什么是非政府组织和非政府组织的职能。除参加此次会议以外，全国妇联还为人们关注非政府组织做出了许多努力。全国妇联是毛泽东时期成立的群众组织之一。在峰会召开之前，全国妇联在全国范围内组织了8000余场培训班和研讨会，参与人数多达上百万人。在这些活动的影响下，中国妇女组织

---

① Ma, *Non-Governmental Organizations in Contemporary China*, Routledge, 2009, p. 52.

② 同上，第87页。

得到了迅速发展，越来越多的人认识到了"NGO"这一词语。①

自 2002 年，胡锦涛主席和温家宝总理上任以来，政党—国家体制努力在寻找借助社会组织的力量追求集体利益的方式，但同时政党—国家体制又在警惕着任何可能威胁中国共产党执政地位的组织。与上一届政府不惜一切代价追求经济增长形成鲜明对比的是，这届政府强调"和谐社会"，更加关注福利、医疗、教育以及一切现代国家通常所面临的社会需求。正如中国问题专家郑永年和傅士卓（Joseph Fensmith）指出的，新政策为公民社会组织的发展提供了新的可能性：

> 在经济方面，政府通过建立贸易协会、商会等中间机构协调并规范经济行为，从而尝试减少国家对经济的直接参与。在社会福利方面，政府希望通过扶持非政府组织，从而在一定程度上减少政府提供服务的负担。在社会发展方面，政府希望非政府组织能够利用社会资源贴补自身的日常支出。②

然而，表面上社会组织发展相对融洽的气氛却隐藏着种种的不稳定因素。政府对社团生活的压制仍时有发生。

例如，政党—国家体制认为，格鲁吉亚、吉尔吉斯斯坦、塞尔维亚和乌克兰爆发的"颜色革命"在很大程度上受到当地被西方支持的非政府组织的影响，因此中国政府于 2005 年在全国范围内开始调查受到国外支持或与国外保持联系的社团组织。沈大伟在他评价

---

① Ma, *Non-Governmental Organizations in Contemporary China*, Routledge, 2009, pp. 181–182.

② Zheng Yongnian and Joseph Fewsmith, "*Introduction*" *in China's Opening Society*, Zheng and Fewsmith (eds.), p. 3.

中国共产党发展的那本引人入胜的著作中引用了大量中国分析者的论述，他们认为在中国工作的这些美国基金会、智囊机构和非政府组织都是代表美国政府部门，甚至美国情报部门利益的间谍机构：

> （他们）散布和宣传民主自由的思想，为的是培养那些支持西方的政治力量，培训反政府活动的骨干分子，利用他们在海外从事破坏活动的经验为当地反政府力量策划具体行动方案提供一系列的政治指导……非政府组织所做的一切无论对"颜色革命"的酝酿还是最终的爆发都起到了关键性的作用。①

然而，中国和整个世界都在 2008 年看到了社会资本和非政府组织所取得的长足发展。在四川省发生强震之后，数百万名中国公民聚集起来向灾区提供各种帮助和救助。一些人只身参加救援，一些人自发形成组织参与救助，其他人则通过数百个非政府组织和大量的基金会帮助灾区居民恢复生活。②

2010—2011 年是中国领导人权力更替（2012 年）的预备阶段，在此之前，政府对公民社会的发展似乎呈现出一种即限制又培养的近乎分裂的态度。影星李连杰成立的壹基金被批准在深圳民政局进行登记，壹基金是被允许寻求公共捐赠的第一家个人基金会。北京、上海等一线城市也提高了吸纳非政府组织提供社会服务的程度。2011 年 3 月，北京宣布将在当年开展 300 余项非政府组织提供的服

---

① Shambaugh, *China's Communist Party*, p. 90, 引自 Qi Zhi, "What a Warning Signal Given by 'Color Revolution'!" *International Strategic Studies*, no. 3 (2005)。

② Amy E. Gadsden, "Chinese Nongovernmental Organizations: Politics by Other Means?" Washington: *American Enterprise Institute Tocqueville on China Project* (July 2010), p. 1.

务项目。为了应对公众对不平等加剧、物价飞涨（特别是食品价格）以及官员腐败成风等现象的不满情绪，温家宝总理承诺给予非政府组织更多资源和福利，比如对非政府组织实行减免税收的政策。①

然而，与此同时，政党—国家体制仍然非常警惕"第三部门"的发展。2011年3月，全国人民代表大会通过的第十二个经济和社会发展五年计划就显示出相对于社会组织管理民主化而言，中央政府更加关注维护社会稳定与社会秩序（特别是在席卷阿拉伯世界的"茉莉花革命"发生之后），财政预算中拨付内部安全，即"维稳"的开支高于拨付中国人民解放军的开支。②然而，第十二个五年计划要求社会组织在提供社会服务方面发挥更大作用的同时，还敦促党和政府部门"制定一系列社会组织的活动规范和准则，以此提高政府对社会组织监督的有效性。"③

中国政府所透露的信息常常让人感到雾里看花，第十二个五年计划也是如此，甚至对中国国内的学者来说，把握"十二五计划"的寓意也绝非易事。《南华早报》在第十二个五年计划发布不久后便采访了一些中国学者。非政府组织传知行社会经济研究所的所长郭玉闪认为计划致力于重振半官方传统的中国共产党或者政府所属的社会组织，比如妇联、贸易协会、工会等。全国政协委员、清华大学非政府组织研究中心的王名则持有一种积极的态度，他认为至少

---

① Ng Tze-wei, "Will Stronger Social Governance Give NGOs More Leeway?" *South China Morning Post*, March 10, 2011.

② Peh Sing Huei, "China Too Good at Quelling Protests," *Singapore Strait Times*, June 15, 2011, p. A2.

③ Willy Lam, "Beijing's Blueprint for Tackling Mass Incidents and Social Management," *China Brief*, March 25, 2011, www.jamestown.org/programs/chinabrief/single/?tx_ ttnews% 5Btt_ news% 5D = 37696&tx_ ttnews% 5BbackPid% 5D = 25&cHash = ea32c96b432552f2f027619725a91714.

非政府组织的登记程序将会被放开。①

然而,非政府组织的出现以及随之出台的管理条例大多是一种城市现象。在农村地区,社团生活非常丰富,传统团体甚至可以以非正式的方式向政府施加压力,要求他们承担责任。蔡晓莉(Lily Tsai)在一项涉及316个乡村和一系列案例的研究中发现,社团中的道德立场可以有效刺激政府官员提供公共物品。②特别当官员是该地区面向全体公民开放的团体,比如村庙的成员时,这种非正式的责任渠道能够发挥更大的作用。社会信任度和非政府组织的自治程度无疑是公民社会强劲发展的重要因素,然而蔡晓莉的研究却提醒我们,中国的威权主义转型阶段会使我们发现,社会资本和责任制度正在以一种不寻常和意想不到的方式发挥着作用。

供给与需求

解决这种极为复杂局面的一个方法就是从社会组织的供给与需求角度来思考问题。从需求角度来说,铁饭碗体制的打破产生了大量新的需求,或者说产生了许多新的尚未被满足的需求,比如对医疗保健的需求;老龄社会养老需求;面对高等教育学费高昂的现实,公民享受高等教育的需求以及文化保护的需求。特别是大量国内移民使数百万农民工离开他们的户籍所在地,无法享受户籍所在地提供的社会服务。市场经济的崛起同样产生了社会在经历资本主义现代化的"巨大转变"时通常会出现的混乱,鉴于中国的发展速度和

---

① Ng, "Will Stronger Social Governance Give NGOs More Leeway?"
② Lily Tsai, "Solidary Groups, Informal Accountability, and Local Public Goods Provision in Rural China," *American Political Science Review*, 101, No. 2 (May 2007).

规模，这种混乱程度更为严重。① 新的公司和其他市场行为者力图保护自身新的经济利益，而社会则在应对环境保护和劳动实践等众多问题。

  从供给角度来说，中国目前实际上已经具备了一切使社团生活更具活力的条件。中国的中产阶级数量众多，他们拥有经济资源，能够更加自由地安排自我生活。但是中产阶级的规模和性质却难以衡量，社会对这一问题也进行了激烈的争论。② 然而，社会上所争论的问题更多的是关于中产阶级所能带来的政治影响。中国的中产阶级会追随西方模式，为了维护自身利益而支持民主吗？还是只要国家能够继续提供经济物资，他们就会继续顺从于国家？③ 尽管如此，我们仍可以明确的是，中产阶级时间充裕，具备组织团体所需要的知识，他们将会从自身利益角度出发，或者基于更为广泛的社会利益而采取有效行动。

  另外一个供给方面的重要现实是利益组织已经具备了彼此之间相互联系和交流的能力。中国网民数量激增，上网人口约占总人口的1/3。④ 在中国13亿人口中，7.5亿多人拥有移动电话，这是一个

---

 ① 欲了解现代化进程中的社会混乱，参见 Karl Polanyi, *The Great Transformation: The Political and Economic Origins of Our Time*, Boston: Beacon Press, including the Foreword by Joseph E.
 ② Cheng Li, "Introduction: The Rise of the Middle Class in the Middle Kingdom," *China's Emerging Middle Class: Beyond Economic Transformation*, Cheng Li (ed.), Brookings Institution Press, 2010, Chap. 1.
 ③ Jie Chen, "Attitudes toward Democracy and the Political Behavior of China's Middle Class," *China's Emerging Middle Class*, Li (ed.), Chap. 15.
 ④ 中国互联网络信息中心2010年6月统计数据，www.cnnic.net.cn/en/index/。

惊人的数字。① 无论是正式还是非正式的组织，他们大多都在网络上办公，利用网络进行交流以及组织活动。②

简而言之，我们可以在中国看到许多能够促使公民社会组织爆发的内部和外部的推动力。在一种不确定、令人困惑却很重要的程度上来说，这些公民社会组织处在政党—国家体制允许他们在一定政治"空间"中运作的背景之中，但是中国的政治体制仍然是一党执政的威权主义体制，政府仍在尝试去复兴列宁主义中政党控制各个领域的模式。现在，我们来谈谈一个关键性的问题：政府究竟如何尝试去控制公民社会组织？

社会组织的治理

治理社团生活的法律框架能够反映出政党—国家体制所遇到的困境。政党—国家体制希望扶持社会组织的发展，因为公民社会可以帮助国家满足大量的社会需求，但同时，政党—国家体制又要确保社会组织的发展不能为威胁中国共产党执政的政治活动奠定基础。国际非盈利性法律中心（ICNL）认为："共产党及其国家机构对新兴的公民社会的管理仍然异常严格。"③

考虑到社会团体的目的和类型不同，国家对其管理的严格程度

---

① Shan Philips, "Mobile Internet More Popular in China than in U. S.," Nielsen China Insights Report, August 2010, http://cn.en.acnielsen.com/documents/NielsenChinaMobileReportInsights_FinalEN.pdf.

② Guobin Yang, The Power of the Internet in China: Citizen Activism Online, Columbia University Press, 2009, pp. 31 – 32.

③ International Center for Not-for-Profit Law, "NGO Law Monitor – China," 2011 年 2 月 19 日, http://www.icnl.org/knowledge/ngolawmonitor/china.htm.

也不尽相同。那些提供社会服务的团体或者与之类似、不具备威胁性的团体受到的管理相对较少,而那些宣传团体和政治团体则受到了严格的审查和管理。1989年事件发生后,中国共产党对社会组织的管理更为严格,一些受到外国资助的团体被视为西方侵蚀的工具而遭到取缔,中国共产党根据潜在威胁其执政的程度,将这些社团进行分类。独立的工会、居民社区委员会和宗教团体被划归为"高风险政治力量"的类型,而行业协会、商会、政府主导的非政府组织和基层协会则被视为低风险的政治力量。①

中国的法律适用于社会团体、基金会②、民办非企业单位③和事业单位④。"社会团体"类包含了西方社会所认同的大多数非政府组织,而民办非企业单位则并未涵盖在非政府组织的范围之内。⑤诚如前文所述,根据2010年民政部的统计数字,中国拥有登记的社会团体24.3万个,民办非企业单位19.5万个,还有基金会2168个。⑥

这三种类型的组织适用于三种不同的法律,特别是对登记的要求不尽相同——这是法律存在的必要条件。对于大多数社会组织而言,合法登记并不是那么简单。根据1989年颁发的《社会团体登记

---

① Kin – Mah Chan, "Commentary on Hsu: Graduated Control and NGO Responses: Civil Society as Institutional Logic," *Journal of Civil Society*, 6, No. 3 (December 2010): p. 304.
② 《基金会管理条例》于2004年6月1日开始实施。
③ 民办非企业指"企业事业单位、社会团体和其他社会力量以及公民个人利用非国有资产举办的,从事非营利性社会服务的社会组织",相关法律规定是1998年10月25日公布实施的《民办非企业登记管理暂行条例》。
④ 对事业单位管理的《事业单位登记管理暂行条例》于2004年6月27日颁布。该条例指出,事业单位是指"国家为了社会公益目的,由国家机关举办或者其他组织利用国有资产举办的,从事教育、科学、文化、卫生等活动的社会服务组织"。
⑤ Lu, *Non – governmental Organizations in China*, Rout ledge, 2008, p. 3.
⑥ 民政局网站(http://files2.mca.gov.cn/cws/201101/20110130160410749.htm)。

管理条例》（1998年进行修订）的规定，上述三种类型中只有一种社会团体允许在任何一个行政区内进行登记。为了能够在"双重登记"体制下进行登记，该组织先要找到一个相应级别的相关党政机关作为主管部门——通俗地被称为"婆婆"，之后再报送地方民政局进行审批。① 由于民政部的分类标准不够明确，这些社会团体很难找到合适的主管部门。党政机关也不愿背负负担和风险，不愿对这些团体活动承担责任。

一旦主管党政机关成为某一社会团体的"婆婆"，它就要对该社会团体进行管理，承担任命领导、指导业务活动、资金支持以及监督日常工作等职责。② 该社会团体一经登记，就要直接受到主管部门和民政局的领导。官员在拒绝登记申请、干预内部管理和决策、要求获取信息以及限制言论和活动方面具有很大的决定权。③

国际非政府组织面临的情况更为复杂。首先，中国还没有一部条例明确规定国际非政府组织的准入标准。国家要求外国商会仅需在对外经济与贸易部进行登记即可获得准入资格，无需找到一个监督主管的"婆婆"。但是生存在法律真空地带的其他国际公民社会组织则面临着困境。他们要挖空心思找到合法运行的方式，或者将办事处设在香港或者澳门，或者在当地找到愿意接受他们登记申请的

---

① 根据《社会团体登记管理条例》第七条的规定（于1998年9月25日国务院第8次常务会议通过，并即日施行），不同级别的社会组织必须由不同级别的民政局负责登记管理。（第七条原文为"全国性的社会团体，由国务院的登记管理机关负责登记管理；地方性的社会团体，由所在人民政府的登记管理机关负责登记管理；跨行业区域的社会团体，由所跨行政区域的共同上一级人民政府的等级管理机关负责登记管理。"）

② 俞可平：《中国公民社会：概念，分类与制度环境》，载《中国社会科学》2006年第1期。

③ International Center for Not-for-Profit Law, "NGO Law Monitor - China."

民政局，或者通过中国的非政府组织开展工作，再或者成为政府的合作伙伴。福特基金会罕见地获得了中央政府的认可，成为中国社会科学院的资助者。①

2010年3月，一项新的条例开始实施，中国开始干预国外机构和国内非政府组织之间的联系。该条例进一步对独立非政府组织接受国外捐赠进行限制，要求非政府组织开办专门银行账户、对协议进行公证并且同意政府拥有足够空间从政治上或是道义上判定国内组织能否接受来自国外机构的捐款。② 此外，由于税收政策不够明确，国内捐赠几乎没有享受到任何税收优惠。再者，中国慈善文化的缺乏使得美国主要的慈善基金会在中国建立起来。考虑到这两方面的因素，中国有一部分公民社会组织相当程度上依赖境外资金的资助。③ 目前，我们尚不清楚这项新条例是否会对现有组织的资助以及公民社会的发展产生更加深远的影响。

非政府组织进行合法登记无论从现实角度还是政治角度来说都非常重要。从现实角度来看，只有拥有合法身份的非政府组织才能够开办银行账户或者开通电话线路。从政治角度来看，没有合法身份的非政府组织非常容易受到干扰。然而，这些繁琐苛刻的条件使得许多公民社会团体宁愿去探求其他更为简单的运营方式，而那些经过登记的社会组织团体则似乎比未经登记的公民社会团体拥有更

---

① Ma, *Non-Governmental Organizations in Contemporary China*, Routledge, 2006, Chap. 8.
② 《国家外汇管理局关于境内机构捐赠外汇管理有关问题的通知》，2009年12月30日，http：//safe.gov.cn/model_safe_en/laws_en/laws_detail_en.jsp? ID＝30600000000000000，58。
③ Lei Xie, *Environmental Activism in China*, London: Routledge, 2009, pp. 33 – 34.

多的社会关系和资金来源。① 一些社会组织团体称自己是企业,如果提供有偿商品或者服务(比如培训服务)的话,这一做法看起来也是可信的。例如,中国 NPO 网络由于无法找到合适的"婆婆",最终在主管贸易的政府部门帮助下成为一家盈利机构。②

根据条例规定,如果社会团体能够成为"内部"组织的下设机构,那么该团体则无需进行登记。因此,许多团体都挂靠到政府、私营企业、群众组织和已经成功登记的社会组织上。③ 这样做不仅能够满足条例对住所的要求,而且还能避免"婆婆"的干预,但是却使这些组织依赖于挂靠组织的意愿和政治保护。2001 年,由于知名的妇女法律研究和服务中心拒绝服从指示,坚持参与敏感的妇女维权案例,北京大学撤销了与其长达 15 年的挂靠关系,使妇女法律研究和服务中心陷入寒冬。④

然而,即使在合法登记的非政府组织当中,严格管理手段的执行效果也并不理想。负责执法的地方官员往往认为与执行条例相比,保持经济增长和社会稳定更为重要。同时,尽管非政府组织解决了中央亟待解决的问题并提供了社会服务,但是掠夺成性的地方官员仍然会对非政府组织加以种种限制。在某种情况下,为了能够掩盖

---

① 如欲了解中国社会组织发展所面临的阻碍及其影响,参见 Zengke He, "Institutional Barriers to the Development of Civil Society in China," Zheng and Fewsmith (eds.), *China's Opening Society*, pp. 161 – 73。

② Ma, *Non - Governmental Organizations in Contemporary China*, Routledge, 2006, p. 187.

③ Wang and He, "Association Revolution in China," p. 514; Chan Kin - man, QiuHaixiong, and Zhu Jianggang, "Chinese NGOs Strive to Survive," *Social Transformations in Chinese Societies*, Bian, Chan, and Cheung (eds.), pp. 141 – 42.

④ Gadsden, "Chinese Nongovernmental Organizations," pp. 6 – 7.

贪污受贿的行为，地方官员甚至成立了他们自己的非政府组织。①

总而言之，条例的目的旨在将非政府组织吸纳成为政府的下级机构，从而扩大政党—国家体制的影响力。由于条例禁止非政府组织在地方成立分支机构，因此，国家级社团组织只能够在北京，地方级社团组织也只能在该地区开展工作。② 如此规定是为了切断非政府组织开展跨地区的横向联系，使社会利益无法在更大范围内聚合起来。很明显，中国共产党不允许强大的跨地区独立组织存在，希望非政府组织能够分别在不同地区开展活动。这样，社会资本在规模上受到了限制，跨地区交流合作的途径也就相对减少了。即使如此，规定也并不鼓励地方大力发展社团生活。尽管非政府组织已经悄然产生，但是我们不难从国家规定和地方治理试验中看出，国家和地方都力图在受益于非政府组织的同时，维持政党—国家体制。

社会组织治理的谨慎试验

这些规定和实践使中国精心权衡着各方因素，这有助于众多治理试验的开展。灵活与僵化并存在中国司空见惯，国家立法和管理条例的制定与地方试验同时在进行当中。

政党—国家体制力图指导并控制第三部门的一个地方案例发生在富饶而熙攘的上海市。上海市普陀区长寿路街道办事处因成立街

---

① Lu, "NGOs in China," *China's Opening Society*, Zheng and Fewsmith (eds.), pp. 89–105.

② 同上，第91页。

道非政府组织服务中心而获得 2008 年"中国地方政府创新奖"。① 长寿路街道具有典型城市地区的特点，12.6 万名居民挤在不足 4 平方公里的区域之内。长寿路地区经历着快速现代化和经济发展所带来的各种压力，然而这一地区的公民社会组织也得到了蓬勃发展。活跃在长寿路地区的非政府组织有 288 个，但这其中只有 95 个是经过登记的非政府组织，其余近 200 个"大众社团"（大多是运动俱乐部和文化团体）则都没有进行登记。

地方政府在"指导"这些非政府部门时面临着种种压力。政府不仅要确保这些非政府组织满足日益增长的社会服务需求，减轻国家负担，而且还要避免它们过于独立。地方政府缓解压力的方法就是成立非营利、非企业机构——街道非政府组织服务中心。街道非政府组织服务中心向非政府组织提供服务和帮助，政府也可以购买街道非政府组织服务中心所提供的服务。服务中心的经营者并非政府公务人员（尽管一些工作人员是党的全职干部），中心资金和办公场所由区里承担，中心主任一职则由该地区党支部书记担任。然而，长寿非政府组织服务中心被视为一家非政府组织，并在长寿路街道办事处和普陀区民政局进行了登记注册。

在该地区经过合法登记的非政府组织可以在长寿非政府组织服务中心享受到许多帮助。长寿非政府组织服务中心向社区居民介绍非政府组织所提供的服务，向非政府组织颁发允许他们进入社区、居民楼以及写字楼的特别许可证，建立促进非政府组织之间合作共

---

① 除非另外注明，长寿路案例材料来自于 Zhou Hongyun, "The Partnership between Government and Civil Society: An Analysis of NGO Administrative Reforms in Putuo District, Shanghai, Using the Case Study of the 'Changzhou Model'" (English translation), Working Paper 22, June 2011 (Centre on Asia and Globalisation, National University of Singapore)。

享的会议交流平台。该服务中心还帮助非政府组织向政府推销它们的服务，实质上是允许非政府组织承接政府提供社会服务的职能，比如养老服务、职业培训、文化艺术培训、幼儿教育，甚至包括婚姻介绍等。

然而，服务中心同时也发挥了明显的政治作用。它将党支部与非政府组织联结起来，对公共社团进行登记，并建立起党员和群众的"预警网络"，"旨在维护社会稳定，保护合法非政府组织，打击非法非政府组织"。①

与此同时，另外一个富裕熙攘的城市正在开展着另一种试验，这种试验似乎得到了更高一级政府的认可。2009年，民政部与深圳市政府签署了《推进民政事业综合配套改革合作协议》。1980年的深圳是一个仅拥有3万人口的渔村，然而到2010年，深圳这个中国第一个经济特区已经成为一个拥有1400万人口的繁华都市，并被选为社会组织管理改革的试点城市。在新的管理制度下，社会组织无需找到主管单位就可以在深圳市民政局进行登记——这是对原有登记要求的重大改革，之前对主管单位的登记要求阻碍了大量可被视为合法的公民组织的发展。深圳市还将接管对国内外基金会的管理，并制定一系列截止到2015年的改革措施，所有的这些都说明政府仍在考虑并评估将成功的改革推广至其他地区的可行性。② 江苏省也对慈善基金会和慈善活动的管理进行了改革，同深圳市一样，中央政府也在评估是否将江苏省的改革作为一种模式推广到其他地区。③

---

① Zhou, "The Partnership between Government and Civil Society."
② International Center for Not-for-Profit Law, "NGO Law Monitor - China."
③ 同上。

群众组织和政府主导的非政府组织

在官方许可下,有一种社团组织可以无需受到规章制度的束缚。直到近来,全国总工会、全国妇联等官方"群众组织"仍然占据着代表利益群体的位置(尽管不一定代表着这些利益群体)。如今,由于政治空间在一定程度上得到了开放,政府也逐渐减少了对这些组织的支持(特别是资金支持),这些群众组织正在向全新的方向发展。一些地方群众团体正在力图能够更好地代表自身利益群体,它们开发社会资本,提高组织技巧,所提供的服务超过了独立非政府组织能够被允许的范围(尽管它们还远称不上自治组织)。因此,我们有必要进一步研究这些在毛泽东时代常常被忽视的组织。

在这些组织当中,或许最重要的组织便是工会组织,因为工会组织既可以反映过去政府主导中国公民社会的组织方式,也可以体现公民社会组织在政党—国家主导体制逐渐弱化背景下的演变。在大多数民主体制中,工会是重要的公民社会组织,它们将众多拥有共同利益的公民组织起来形成政治活跃的选民群体。然而,在国家完全控制经济时期,工会所起到的作用仅仅是将政党—国家体制的控制领域延伸至工作一线。当国家是雇主时,依据中央计划,工会主要扮演国家机构的角色,只能在国家规定的工人享有利益的范围内服务工人,而不是向雇主争取工人的利益。① 所有的工会组织都在

---

① 《工会法(修正)》中第五条规定:"工会组织和教育职工依照宪法和法律的规定行使民主权利,发挥国家主人翁的作用,通过各种途径和形式,参与管理国家事务、管理经济和文化事业、管理社会事务;协助人民政府开展工作,维护工人阶级领导的、以工农联盟为基础的人民民主专政的社会主义国家政权。"

全国总工会的领导下联结在一起，全国总工会至今仍然拥有巨大的网络，涵盖了31个省份的工会联合会、10个国家产业工会以及数以百万个"基层"工会组织，拥有工会会员近1.7亿。① 此外，工会还应是一种工人与雇主进行集体谈判的体制，但这一概念在中国却似乎并不存在。

然而，中国改革开放政策一经实施便推动了市场经济的发展，政党—国家体制和工会自身都面临着重新定位工会角色的压力。② 特别是20世纪90年代初期以来，经济改革在国有企业转制时引发了大批员工下岗失业。此外，经济改革还涉及养老和福利改革，不平等现象也在加剧，这些都使得劳动者成为社会讨论的焦点。③ 1992年后，当政治体制逐渐从1989年事件中恢复过来，邓小平开启了新一轮市场经济改革，劳动者可以被聘用或者解聘，并拥有选择工作地点的权利。④ 国家对企业（包括国有企业和私营企业）的考评不再依据企业完成政党—国家体制计划、维护社会秩序或者提供社会服务的能力，而是主要基于企业的经济生产力以及缴税额。无论对于政党—国家体制，还是对于企业而言，经济快速增长是它们所要

---

① "A Brief Introduction of the All-China Federation of Trade Union," 2007年9月20日, http://english.acftu.org/template/10002/file.jsp?cid=63&aid=156.

② 除非特别注明，下文对中国基层工会组织治理规定和实践的阐述来自于Xuedong Yang, "Path for System Formation in Resource Mobilization: A Case Study of the Rights Protection Policy in Quanzhou City's Trade Union," available in English as Working Paper 19, Centre on Asia and Globalisation, National University of Singapore, June 2011, www.caglkyschool.com/pdf/working%20papers/2011/CAG_ Working Paper_ 19.pdf。

③ 如欲了解劳动力问题是否成为或者可能成为中国政府的威胁，参见Ching Kwan Lee, "Is Labor a Political Force in China?" Elizabeth Perry and Merle Goldman (eds.), Grassroots Political Reform in Contemporary China, Harvard University Press, 2007, pp. 228-29。

④ 同上，第229页。

追求的首要目标。因此，它们并不十分关心应当怎样保护工人的权利，特别是数百万农民工的权利。农民工尽管受到许多歧视，但却无力组织起来维护自己的利益。

随着市场经济的发展和农民工数量的日益壮大，工会正在面临如何能够更加有意义地代表会员利益的强烈压力。由于资本和劳动力之间的冲突愈加频繁和暴力，政府逐渐允许工会更加有意义地代表会员利益，以此赢得会员信任，缓解矛盾冲突。与此同时，工会发现，如果想要吸引并且留住自己的会员，那么需要更好地反映工人的利益。

然而，尽管《工会法》历经多次改革，全国总工会所提出的口号在本质上也得到了发展，但是国家仍然禁止真正独立工会的存在，因为独立的工会有可能遵循波兰团结工会的模式，发展成为大规模的政治参与者。因此，政府虽然不负担工会活动费用，但却仍然支付工会工作人员的工资和行政事务的开支。①

工会并没有在很大程度上成功地应对挑战，只是发挥着相对次要的作用，比如代表国家或者企业向员工发放福利，或者组织员工开展休闲、文化以及娱乐活动等。地方政府官员能否在仕途上得到

---

① 《工会法》已经过两次修订。[1950年制定，1992年进行修定，要求工会"在维护国家利益的同时，更好地代表和保护职工的利益"，2001年颁布的修订版指出"维护职工合法权益是工会的基本职责。工会在维护全国人民总体利益的同时，代表和维护职工的合法权益"（第五条）]。与此同时，全国总工会在其全国代表大会中制定了多种法律和政策调整。1983年10月，全国总工会第十次全国代表大会强调了工会在保护职工合法权益中所发挥的作用。五年之后的第十一次全国代表大会重新确定了工会服务"四项基本功能"的目标："保障职工利益"、"管理中代表职工"、"发展大众生产活动"和"帮助提高职工素质"。简而言之，就是"维护、参与、建设和教育"。1998年，全国总工会第十三次全国代表大会更加强调了工会维护职工政治民主权利和基本经济利益的作用。参见 Yang, "A Case Study of the Rights Protection Policy in Quanzhou City's Trade Union"。

发展，关键在于他们能否成功地在短期内实现经济增长。因此，他们常常迫使工会更多关注资本利益，而非劳动者的利益。这一情况在那些经济发展迅速的富裕沿海地区也不例外，甚至更具有代表性，因为这些地区经济的飞速发展依赖于低廉的劳动成本，只有这样才能在竞争激烈的全球供应链中获得利润。

然而，地方工会的发展程度参差不齐。在一些案例中，工会正在发挥着新的作用。在另外一些案例中则出现了代表工人利益的新组织。大量农民工人口的涌现也加剧了这一问题的复杂性。在劳动力问题上，政府本应该代表工人利益，因此，宣称代表工人利益的社团组织则被视为一种对党的合法性的固有挑战。在国内移民问题上，大量农民工生活在国家基本社会福利的夹缝中，他们在严格的户口体制下无法拿到当地户口，他们的子女不能在当地学校注册入学，也不能享有政府所提供的基本服务。

然而，我们可以在福建省泉州市总工会的案例中看到，席卷中国的改革甚至在官方组织的工会中也开展起来。①

泉州市的私营经济在福建省最为发达，资金主要来源于当地、台湾以及东南亚的华侨。这一地区的企业大多属于劳动密集型加工企业，生产的产品包括服装、鞋帽、电子产品以及建筑材料。2005年，泉州市国内生产总值（GDP）为1804亿元，其中90%的GDP来自于非公有制经济的贡献。泉州市拥有2万余家非公有制企业、9万余家私人企业和约200万的企业工人。然而，当地工人只占到工人总数的很小一部分，80%的工人来自于福建省的其他地区以及湖南省、安徽省和四川省。外来工人几乎占了整个城市人口的六分之一。

---

① 除非特别注明，泉州改革的案例来自于上文所注。

进入 21 世纪后，这些因素共同迫使地方政府将工会视为一种缓解日益增长压力的方式。大多数地方企业，特别是那些劳动密集型企业都是小型或者中型企业。它们所支付给员工的工资一般比最低工资（350 元）高不了太多，它们常常忽视员工的工作环境，并且也不支付额外的加班费用。① 工人对欠薪和工伤的抱怨逐渐变得普遍起来，由此产生的紧张关系导致了暴力事件时有发生。② 工人们围堵封锁企业或者纵火烧毁厂房的事件引发了地方政府的重视。

然而，自 2003 年起，包括泉州市在内的东南沿海地区开始出现劳动力短缺的现象，这源于中央政府试图通过扩大对农村地区以及农业的投资，应对国内经济增长不平衡的政策实施。③ 2003 年至 2004 年期间，严重的劳动力短缺问题影响到许多城市企业的发展，甚至生产一度出现停滞。一些企业为了寻求劳动力资源，甚至将生产线搬离了城市地区。

与此同时，城市地区的"公民工会"得到日益发展。实质上，宗族公会以及其他那些基于同乡和亲属关系的社交网络挑战了官方

---

① You Jun（ed.），*2005 China's Employment Report：Employment of Peasants*，Chap. 3，www.china.org.cn/10/21/2005.

② Yang，"A Case Study" 中引用了 2005 年 11 月 7 日对泉州市总工会的采访。该文提到，泉州市统计局商业调查队所发布的调查报告显示，2001 年泉州市劳动局帮助外来工人追回近 4000 万元工资欠款。2003 年，泉州市总工会接到并处理农民工投诉 1199 件，其中包括对拖欠工资和工伤的投诉，共涉及企业 637 家，工资欠款达 200 余万元。参见 "Labor Shortage - Caused by the Unhealthy Employment Environment of a City"，http://www.nfmedia.com/south - news/tszk/nfdsb/sd/200403030060.asp。

③ Yang，"A Case Study" 中指出，据估计，城市已缺少 20 万名缝纫工。调查显示，2004 年农历春节过后，晋江市生产规模只达到平时生产规模的 80%—85%，陶瓷企业仅达到平时生产规模的一半。2003 年 3 月，泉州市总工会提供的泉州经济技术开发区劳动力短缺统计数字同样显示，企业目前缺少服装缝纫工 2330 名、染色工 1860 名和制鞋工 2505 名。

工会的权威地位。① 这些宗族公会帮助工人讨薪、寻求工伤补偿，但是宗族公会存在于官方体制之外的状态引发了政党—国家体制的恐惧，它们惧怕新的独立组织的出现。

面对工人不满情绪高涨、劳动力短缺和机构竞争等种种压力，泉州市工会采取了服务覆盖私营企业工人群体的政策。自20世纪90年代初，政府便在乡镇建立了工会组织。到2005年，私营企业中的绝大多数工人都加入了工会，泉州市工会联合会的会员人数已经达到130万，其中超过100万会员来自于私营企业。此外，泉州市工会联合会还建立了28个行业工会（比如那些服务于服装、石化以及旅游行业工人的工会），旨在协商行业内的平等待遇问题，制定产业标准，签署劳务合同（许多企业不与工人签署书面合同）以及协商集体合同和工资。2005年，泉州市签署劳务合同的企业已达3.5万余家，119万名工人与用工企业签署了劳务合同，其中75%的工人都在非国有企业工作。超过3万家企业建立了集体合同，涉及工人人数达140万名。旅游和服装行业还签署了集体工资协议，工人数量集中的经济技术开发区也签署了区域工资协议。

此外，泉州市工会联合会站在工人的立场上，向市党委和市政府建言献策，向市人大和政协提出议案，并且举办由工会和政府官员参加的市级或者县级年会。工会建立了保护工人权益的合法社团组织。市级和县级法院都建立了劳动仲裁法庭。

泉州市工会联合会还旨在扩大农民工政治参与的途径，并推荐工人参加全国劳动模范和政协及人大代表的竞选。数年前，泉州市

---

① Yang, "A Case Study" 引用了黄永存、黄和逊：《"老乡会"变成"维权会"》，指出泉州市相对有名气的组织是吴根发组织的福建省宁化县商会泉州分会，目前正式登记的"会员"有300多人。此外，宁化县在泉州市打工的人口还有3.5万名，http://news.china.com/zh_cn/domestic/945/20050514/12313640.html。

人大和市政府就允许工人列席参加人大常委会会议和政协全体会议，并且选拔农民工作为各级人大和政协的代表。

泉州市工会联合会获得了国家的经济资助，这样就能更好地保护工人的权利和利益。根据泉州市的规定，建立工会组织的企业只需向工会交纳职工工资总数的0.8%，而没有建立工会组织的企业则应向工会交纳职工工资总数的2.5%。2002年，泉州市委托地方税务部门向有义务交纳会费的企业收缴工会会费，以此提高会费收缴的效率和有效性。会费总额在3年之内翻了两番，工会用这些收缴上来的会费帮助困难工人，或者用来支付其他活动。自2004年以来，泉州市政府每年向工会拨款50万元，帮助工会更好地保护工人权利。对工会每年的资金支持已经成为政府的一种制度。每年春节以前，工会便会告诉工人："请需要钱过年的困难工人，向工会寻求帮助。"这样的困难工人能够获得300至500元的资助。在这一政策执行的第一年，工会所提供的"春节资助"费用就已达10万余美元。

浙江省义乌市（浙江省为经济飞速发展的富裕省份）所尝试的另外一种改革最初遭到了地方政府的强烈反对，但最终却获得了国家高层领导的赞赏。① 如同大多数国家创办的工会一样，20世纪90年代末以前，义乌市并没有在代表工人利益方面有所作为。2000年7月，政府批准义乌工会成立非营利社团——义乌市法律维权协会，尽管最初政府认为该协会的动机并不寻常且富有野心。义乌市法律

---

① 除非特别注明，义乌案例的探讨来自于 Fuguo Han, "Transformation of Labour Unions and Integration of Organisational Resources: The Development of Social Integration in the Labour Rights System of Yiwu City," Working Paper 23 (Centre on Asia and Globalisation, National University of Singapore), www.caglkyschool.com/pdf/working%20papers/2011/CAG_ WorkingPaper_ 23. pdf。

维权协会是中国第一家工会法律维权组织,旨在建立一种与政府和党开展紧密合作的"整合"维权体制。该协会成立之后的第一个举措就是指定两位具有政治影响力的高级官员在浙江一家律师事务所进行注册,同样该律师事务所的律师则到职工法律维权协会进行办公,处理劳动纠纷中的法律问题。

最初,改革在地方上引发了激烈的对抗,因为地方官员的利益受到威胁,他们不愿发生任何改变。几周之内,新协会就面临着来自政府部门的挑战,他们要求协会缩小工作范围,并将名称改为"义乌市职工法律维权协会"。此后不久,迫于司法局的压力,律师事务所调离了驻协会办公的律师,协会也被迫降级,改为义乌市法律援助中心职工部,并且在职能方面受到许多限制。

随后在2004年末,一份对义乌市现状的分析报告引起了中国高层官员的注意。中国的最高领导人胡锦涛常常强调学习义乌经验的重要性,提出要完善工会组织领导下的维权机制,强化工会职能,更好地为职工服务。[①] 其他领导人也非常认同义乌模式中维护劳动者权利的"整合"方法,即工会与政府部门、工业组织、社会组织和其他机构保持密切的合作关系。

这个故事揭示了许多道理。非政府组织和社团在利用法律资源帮助工人时常常面临的困难是地方精英最初对改革的有效抵抗,而只有中国最高政治级别的直接干预才能战胜这种抵抗。干预之所以出现,部分原因在于媒体的相关报道,还有一个原因便是义乌改革者们所设计的这种"整合"方法使党始终深切关注保障工人权利。中央政府颁布了一项关于法律援助的政策,要求工会将提供法律援

---

① 参见 http://opinion.people.com.cn/GB/8213/49375/49381/3606616.html。

助作为处理劳务纠纷的方法。①

然而,关注劳资问题和其他工作场所权利问题只是在解决众多农民工问题的一部分。正如我们在中国南部岛屿海南省的案例中可以看出的,农民工的需求远远不止对工作场所的要求。自1988年成为特别经济区以来,海南省涌入了大量外来人口。② 其中,大部分外来人口都是来自于经济欠发达的中西部地区、教育程度相对不高的单身年轻男性。外来人口占了海南省海口市总人口的三分之一。位于海口市市中心的龙华区是海口市经济、文化和交通的枢纽地区,也是外来人口最为集中的地区,这里汇集了5万名外来移民人口。

2003年,海南省海口市创办龙华区外来工管理协会,并因此于2004年获得地方政府创新奖。地方政府主动创办一家合法的独立非政府组织并不寻常,尽管这个组织仍然与政府机构保持着某种联系。人口的大量涌入引发了海口市犯罪率激增,公共医疗领域也出现一些弊端。从20世纪90年代中期开始,区政府与区党委便成立了许多外来工之家以解决这些问题,特别是解决外来人口所面临的最为迫切的两个问题:居住与就业。1997年,在市委市政府的支持下,区政法委开办了第一批外来工之家。外来工之家结合海口市拥有大量烂尾楼的实际情况,帮助外来工以较低价格租下这些楼盘,让他们能够在这里居住或者经营生意。这种形式被其他地区称为"社会

---

① 如欲了解对中国法律援助的评价,参见 Mary E. Gallagher, "'Hope for Protection and Hopeless Choices': Labor Legal Aid in the PRC," *Grassroots Political Reform in Contemporary China*, Perry and Goldman (eds.), pp. 196 – 27。

② 除非特别注明,对龙华区外来工管理协会的探讨来自于 Xijin Jia, "From Administration to Autonomy: The Innovative Model of 'Migrant Workers' Homes, in Haikou Longhua District," Working Paper 16 (Centre on Asia and Globalisation, National University of Singapore, June 2011), www.caglkyschool.com/pdf/working%20papers/2011CAG_WorkingPaper_16.pdf。

企业"——从本质上来说，所谓社会企业是指将赚取利润和服务社会结合起来的小型事业，这种模式能够维持企业在经济上的可持续发展并满足社会的需要。

第一个外来工之家在市中心的一个烂尾楼中开办起来。经过改造，这里不仅能够为外来工提供宿舍，还能够提供可供租赁的212间摊位和20间商铺，供外来工经营绢花生意。当地还为外来工提供了其他服务，包括创办能够获得政府帮助的就业咨询中心，该中心被称为"保护外来工的防卫队"。2002年，又有两家外来工之家成立。2004年，这一模式也出现在生产市场以及其他类型的商业市场当中。

除了以较低价格提供住宿以及商铺租赁以外，外来工之家还承担了政府管理外来人口的全部职能——包括对安全、权利、文化需求以及计划生育的管理。政府向每一个职工之家划拨用地、资源，提供服务中心，派驻片区警察。公共安全和综合管理委员会副书记全权负责外来工之家的监督管理。这种创新方法能够巧妙地保护外来工不受其他政府部门的干扰。区政府作出承诺，倘若政府部门对外来工之家处以任何商业处罚，区政府将支付所有罚金。政府部门常常对弱势的外来工群体作出一些不合理的处罚，事实证明，区政府的这一承诺是抵制这一现象的有效手段。正如案例研究所指出的那样，"这一做法自然产生的效果是，在外来工之家中，乱收税行为完全销声匿迹"。

每一个外来工之家都是合法的独立实体，虽然追求利润，但实际上是借助政府力量以及个人捐款，向外来工提供租赁等服务。尽管每一个外来工之家的经营内容不尽相同（比如经营绢花、汽车维修等业务），每个地区也分别对不同模式开展了大量的试验，但是它们都要遵循公共规则和管理方针的规定。

尽管外来工之家似乎成功地为外来工人提供了一系列的经济机

会和社会服务，但是却仍然面临着发展规模的问题。每一个外来工之家只能容纳几百名外来人口，但是在一些地区，却汇集了5万外来人口（大多数外来人口都从事着不适合以外来工之家模式开展的临时工作，比如建筑、服务等）。随着人们对新方法的逐渐了解，我们可以肯定的是，海南的外来人口越多，他们的需求也就越广泛。规模相对有限的社会企业在面对这些挑战时就显得力不从心。

在这种情况下，2002年，龙华区政法委着手创办龙华区外来工管理协会。申请提交至海口市民政局后，很快就发现该申请与中央政府禁止成立类似团体的规定相冲突。1999年颁布的《中央办公厅、国务院办公厅关于进一步加强民间组织管理工作的通知》中规定：

> 各地民政部门要严格控制业务宽泛、不易界定的民间组织，禁止设立气功类、特定群体（退伍军人、下岗待业人员、打工者等）类、宗教类和不利于民族团结的民间组织以及与法律法规相悖的民间组织。"

随即，龙华区外来工管理协会对名称进行变更，并提交了一份《关于"龙华区外来工协会"有关名称、章程更改的报告》。至此，更名为龙华区外来工管理协会（MWMA）的第一家外来工自治组织便成立了。

然而，同大多数在中国发生的案例类似，自治也只是一个相对的概念。外来工管理协会与其他经登记注册的非政府组织一样，都需要有政府机构作为其监管部门。在此案例中，龙华区外来工管理协会的监管部门是龙华区公共安全综合管理委员会。尽管龙华区外来工管理协会自称是"外来工自愿结成的"非政府组织，但是第一届龙华区外来工管理协会会长是由龙华区原政法委副书记杨涞清担任（政法委正是发展外来工之家概念的部门），他所承担的具体任务就是代表政府指导工作。

但是显然，外来工管理协会的独立活动范围越来越大。与外来工之家不同，外来工管理协会的目的是"促进外来工之间的交流与联系，保护外来工的合法权利，提高外来工的经济地位，更加有效地为外来工提供服务"。这些目的在其他国家看来都是组织向会员所提供的传统服务。任何一名外来工都可以自愿加入或者脱离外来工之家，相关组织（包括个人的外来工之家）也可以成为正式会员。无论个人还是组织都要缴纳会费，其中大部分会费用来支付11名工作人员的工资（区政府同样承担一部分工作人员的工资）。

外来工管理协会一经成立，便开始致力于将活动范围扩大到乡镇地区。他们通过乡镇政府联系到村级社区居民委员会，构建外来工网络，开展宣传活动。外来工管理协会不仅扩大了空间范围，还扩大了业务范围。他们建立了法律权利保障部，随着时间的推移，对外来工权利的保障即将成为外来工管理协会的首要任务。

我们现在就来简单谈一谈最后一个广受赞誉的工会和劳动力改革试验。2010年1月，由于在维护农民工权益方面做出一系列创新举措，四川省总工会和省会成都市总工会共同获得地方政府创新提名奖。[①] 无论是外出打工的四川籍农民工，还是来到四川打工的外乡人通常都会遇到拖欠工资、无法得到工伤补偿和缺乏资源的问题。省总工会向他们伸出援手，成为第一批吸纳农民工群体入会的工会之一。（2004年以前，《工会法》并没有涵盖民营企业的工人。）从

---

① 参见中国地方政府创新奖项目网站（www.Chinainnovations.org/Item/26883.aspx）。

2006年至2009年，工会共参与维权案件1211起，帮助农民工讨回工资3600万元以及伤害赔偿和其他补偿600万元。

截至目前，这一切似乎看起来都很平常。但是，从构建社会资本和社会网络的角度来看，四川省总工会还与其他省份的工会达成互助协议，这为促进农民工和企业之间的沟通迈出了至关重要的一步。截至2009年底，全国31个省份中的18个省总工会与四川省签订了互助协议。四川省的互助协议涵盖了在外省就业的四川籍农民工820万名，占在外省工作的四川籍农民工总人数的73%。

环境非政府组织

那些关注于工人和劳动力问题的工会以及公民社会团体不得不去应对一种背景环境，那就是国家组织在这些问题上占有绝对的主导地位。对于那些关注环境问题的组织而言，它们身处的背景环境则大为不同，因为在改革开放以前，中国政府对环境问题鲜有关注。因此，越来越多的环境非政府组织（或者称为ENGOs）开始关注这一空白领域。在北美和欧洲，环境组织直接影响着政策制定，并在组织公众运动、甚至有时组织抗议活动中发挥着重要作用。而在中国，环境公民社会组织则面临着我们前文所提到的种种限制——法律限制、资源限制以及政党—国家体制内政治生活的现实局限。尽管如此，环境保护却似乎成为发展最为迅速的一种社会行动。

尽管活动家们在20世纪80年代便开始围绕环境问题，特别是围绕反对建设三峡大坝的问题组织开展各种活动，但是由于1989年事件的爆发以及在随后十年中，政府对公众行为敏感度的提高，这样的活动最终以失败告终。此后，对环境的大肆破坏唤起了人们对环境问题的关注，尽管联合国是在遥远的巴西举办了一次国际会议，但是这次会议再一次刺激了中国环境组织的发展。1992 年，在巴西里约热内卢召开的联合国环境与发展会议以及会议最终文件《里约环境与发展宣言》激发了中国环境非政府组织的建立。① 第二年，国家基层环境非政府组织——自然之友成立（尽管自然之友是作为北京市文化局的附属组织而成立的）。在过去十多年中，越来越多的环境非政府组织相继成立，这些组织的创始人往往都曾在环境非政府组织工作过。

中国环境非政府组织的崛起伴随着网络的发展，且两者之间相互影响，相互作用，特别是对电子公告论坛的使用已经成为中国社团生活的重要组成部分。比如，绿色北京、绿网等环境非政府组织都是最先从网络上发起，之后招募志愿者组织社区环境活动。②

环境非政府组织已经具备了几项优势。在政治上，环境问题逐渐被视为，至少被中央视为一种政治敏感度相对不高的问题，与在柏林墙倒塌以前中东欧的发展模式并不相同。与此同时，官员还注意到中国环境恶化的规模异常庞大，政府无力对此采取有效措施，一些官员更加倾向于借助政府以外的力量来应对这一问题。国家环保部以及省、市、县各级环境保护部门的权力相对较小，几乎无法左右其他政府机构，也无法驾驭掠夺式的经济增长模式。③ 因此，环境非政府组织对它们而言可以说是天然的盟友。国外的投资者和环保人士蜂拥而至，在资金和技术上帮助环境非政府组织发展，并协助它们加入全球环境运动的网络中。由于直到 20 世纪 90 年代，环境问题才真正提到中国的议事日程之上，因此，中国并没有与全国总工会类似的大规模政府组织的环境非政府组织。诸如中国环境保

---

① Xie, *Environmental Activism in China*, p. 89.
② Guobin Yang, *The Power of the Internet in China: Citizen Activism Online*, Columbia University Press, 2009, pp. 147 - 149.
③ Xie, *Environmental Activism in China*, p. 11.

护基金会和中华环保联合会这类政府主导的非政府组织的成立时间均晚于环境非政府组织的成立时间。

尽管如此，环境非政府组织仍需注意不要引发官方的过度抵抗情绪，并且还要常常做一些绕过登记规则和阻碍因素的游戏。[①] 这些环境非政府组织依然弱小、年轻并缺乏资源。它们对政策制定的影响大多数仅限于组织会员与官员的人际交往圈，其中部分原因在于政策制定程序本身的发展并不完善。然而，公民社会组织在环境保护方面所发挥的作用显然与在保护劳动力和工人权益方面所发挥的作用截然不同。

结　论

在中国公民社会发展的故事中，我们可以看到两种可能发生的情况。第一种可能性是政党—国家体制再次有效控制中国的社团生活，党的组织结构深深嵌入各种重要的社会组织当中，从而成功阻止组织网络的蔓延。在这种情况下，活跃的社团生活或许会给经济带来积极影响，以此增强威权主义的弹性。但是，这样的话，它所发挥的作用只不过是提供服务而已。

第二种可能性则是中国的社会组织和社会网络能够准确地表达、汇集和代表日益复杂社会中的多元利益，并拥有强大的组织和实施集体行为的能力去追求社会目标。随着社会中基于共同利益并有能力保护自身利益的群体日益增多，我们或许能够在这种可能性当中看到某种趋向。

---

① Chan, Qiu, and Zhu, "Chinese NGOs Strive to Survive," *Social Transformations in Chinese Societies*, Bian, Chan, and Cheung (eds.), p. 147.

无疑，社会组织在中国正处在迅速发展时期，这在某种程度上得到了政党—国家体制的支持与祝福，也在一定程度上受到了体制的严格限制。然而，尽管那些能够平衡国家权力或者挑战共产党执政地位的自治组织在中国的确存在，但是它们的发展空间却极为有限。大多数社会组织都是提供社会服务的公民社会组织和陷入两难境地的政府的非政府组织，它们既扮演着国家部门的传统角色，同时又面临着维护会员利益的压力。政党—国家体制将这两种组织均视为维护中国共产党对中央及地方控制的延伸力量。

然而，即便是毫无威胁的组织也能带来潜在的政治影响。服务提供者常常会演变为权利的守护者。正如龙华区外来工管理的试验所表明的，当政府看到问题出现是由于体制原因时，他们就会尝试进行改变。除此以外，有效的集体行为习惯得以形成——在业主协会中学习到的技能与规范在其他不同目标的组织当中依然适用。

但是无论地方政府，还是中央政府都没有显示出放松社会组织管理，支持国内社会网络向更加密集、重叠方向发展的迹象。中国共产党既害怕，又需要社会组织。中国共产党需要社会组织帮助其治理这个地域宽广、问题缠身而又处在剧烈变革中的国家，还需要社会组织促进社会资本的发展，因为这是中国迈向发达国家过程中的根本经济需求。而中国共产党担心社会组织会诱发社会冲突，特别是担心这些社会组织成为挑战中国共产党执政的潜在根源。

在如此复杂的环境中，我们应如何理解社会组织对中国未来政治发展所产生的影响呢？法律结构和本书所探讨的这些官方认可的试验都明确表明了中央政府希望社会组织所发挥的作用，但并未清晰指出国家是否有可能谨慎地开展改革。非政府组织双重登记体制的设计显然是为了将社会组织纳入政党—国家体制之下，但是这种尴尬的体系却使中国难以培养出服务提供组织以及其他可以帮助政党—国家体制解决众多问题的社会组织。同样，对境外资金资助的限制也可以被视为一种对现有体制结构的保护，从而避免受到国外政治的影响。然而，由于中国慈善文化的发展尚不完善，这种限制或许会使现实与期望背道而驰。尽管对地方与地区间社会交流的严格限制便于政党—国家体制开展纵向控制，但是如此也失去了社会弹性的政治渠道，而这种政治渠道是未来几年中，在面对众多经济、社会和环境压力时所迫切需要的。

然而，仅仅政党—国家体制自身并不能决定组织的能力、活动范围以及中国公民社会的弹性。尽管三十年来，社会组织的发展环境并不理想，但是一大批基层组织、专业网络和经过登记的组织发展起来。我们虽然无法直接衡量这些组织所能发挥的作用，但却可以在2008年四川地震之后看到他们的价值。诚如我们在本章以及第三章提到的，即使工会、妇联这样的官方基层组织也逐步参与到维护中国公民利益的活动中来。政府并没有在引领社会的发展，而是在努力紧随第三部门不断变化的脚步。

第五章 从地方试验到全国规则：阳光照进中国

2009年2月，温家宝总理第一次在线与中国网民交流，给普通公民提供了前所未有的机会，使他们可以直接向最高领导人反映自己关心的问题。在网上交流中，温总理说，"我一直认为公众有权知道政府在干些什么和想些什么，也有权批评和评价政府的政策"①。自那以后，他又在2010年和2011年分别开展了两次网上对话，回答的问题涉及物价上涨、房价、腐败以及享受医疗和农村教育的机会，等等。② 这些问题表明，中国共产党正尝试着适应信息技术创造的、正在变化的新形势，最高领导人正努力以全新的态度处理公民个人和国家之间的关系。

在今天的中国，信息越来越多地通过纵横交错的社会网络来回流动，而不是通过官僚机构逐级传递下来的。社会问题通过网上聊天室、手机短信和博客空间浮上了台面。有些信息中央允许传播，比如涉及地方上滥用权力的信息；有些则会遭到禁止。此外，不仅

---

① Ariana Eunjung Cha, "In Crisis, China Vows Openness," *Washington Post*, March 5, 2009, http://washingtonpost.com/wp-dyn/content/article/2009/03/04/AR2009030401893.html.

② "Chinese Premier Wen chats online with Internet users," http:/chinadaily.com.cn/china/2011-02/27/content_12084017.htm.

是像温家宝这样的国家领导人上网与公民交流,各个政府机构也日益倾向于通过网站和媒体主动发布更多的信息,并任命了发言人与公众交流。更具戏剧性的是,中国最近也在赶超世界潮流,实行了可谓当代中国版的信息自由法。

中国以前是一个全能国家,并且封闭施政的状态已经在几千年的中央集权体制下保存下来,到底是什么让它走上了提高政府透明度的道路呢?简单来说,答案就是必要性,这也是前面几章论述的那些改革由以发生的原因。国内外普遍认为,中国的治理一直存在着秘密太多和责任太少的问题。用最接近的英语词来说,政府的监督能力跟不上迅速"信息化"(informationizing)的日益复杂的经济和社会形势。中央放权之后的官僚结构使得中央并不能完全掌握各级政府的规模和成本。而在政党—国家体制下,行政权和财政权不对中央负责,也没有建立相应的垂直负责机制,从而削弱了中央各部委推行全国性政策和保证地方政府负责的能力。在地方上,不仅各个政府机构之间不轻易传递信息,而且上级也不能从下级那里了解到完整准确的真相。对普通公民来说,他们只要了解一点关于执政党和政府的信息,就能在维护自己的权利和使官员负责方面前进一步,但他们得到的信息却是最少的。诚然,裴敏欣之所以认为中国的政治发展陷入了困境,在很大程度上就是因为中国缺乏有效的负责机制,导致信息不对称现象极为严重。

然而,驱使中国走向更加透明的治理的,并不只是认为中国存在保密过度问题的共识,还有一些影响更大的具体因素:

信息技术 其中一个主要的因素是市场力量和信息技术的互动。随着中国经济改革和全球一体化的深入,信息系统需要以"筛选+布告"的垂直传播方式转向由供需决定的自由流动方式。不仅企业要这样,政府也要这样。同时,信息技术的进步也让建立新的信息系统变得更加容易了。20世纪80年代，中国政府开始采用计算机和因特网技术，并在1999年成立了国家信息化工作领导小组，后来又设立了国务院信息化办公室来执行领导小组的政策。与此相应，居民对因特网的使用越来越广泛，要求从网上获取更多政府信息的呼声也越来越高。①

加入世贸组织 中国在2001年12月加入了世贸组织。根据条款，中国必须在有关贸易的规章制度上提高透明度。这一义务得到了履行，因为世贸组织的评审机制会定期检查中国这方面的执行情况。作为"入世"引发的法律、规章和行政改革的一部分，中国不仅公开了与贸易有关的法律法规，而且也允许公众在执行规章之前对其发表意见，并就国际上提高透明度的办法开展了广泛的研究和培训活动。②

反腐倡廉 第二章提到，中央在财政和行政上的放权举措导致监督和执行出现了一些严重的问题。因而政府想从两个方面探索控制官员的新办法。第一，中央政府需要掌握关于地方政府作为的更准确、更及时的信息，以便加强纪律。第二，政府掌握的信息需要更加公开，以便地方政府对社会负责，从而减少腐败现象。比如，2004年，党的十六届四中全会号召政府加强执政能力建设，称反腐败斗争为"关系党的生死存亡"的问题。③

国家与社会的调和 最后一个因素是，随着社会联系的日益增

---

① Jamie Horsley, "Toward a More Open China?" *The Right to Know*: *Transparency for an Open World*, Ann Florini (ed.), Columbia University Press, 2007, pp. 60 - 61.

② 同上，pp. 61 - 62.

③ "CPC Pledges to Focus on Party Building for Advancement of Ruling Capacity," *People's Daily* Online, September 26, 2004, http://english.peopledaily.com.cn/200409/26/eng20040926_158383.html.

多和复杂,越来越需要一些渠道来表达委屈和不满。传统上,信访是官方处理委屈和不满的主要渠道,公民们可以把关于官员违规行为的申诉书呈交信访办公室。现代通讯和交通设施的发展以及社会经济的迅速变革,导致社会问题成倍增加,"体制不堪重负,政府把更多时间花在了尽力截访上,而不是尽力解决问题上"。① 政府越是开放,它就越会努力为解决社会问题,从而增强国家对社会的责任感以及国家的合法性提供更多的渠道。

发布条例

由于所有这些原因,发布某种有关信息自由的规定也成了中国治理创新的一项内容。2007 年,国务院颁布了一系列关于政府信息公开(OGI)的法规,作求国家各级行政机构预先发布与其工作有关的信息,并允许公民查询这些机构掌握的信息。此外还提供了一些行政和法律渠道,允许公民针对拒绝查询的行为提起仲裁或上诉。国家为各级政府机构留出了一年的时间,让它们为执行这些法规作必要的准备。2008 年 5 月,这些规定正式生效。

在全国性的规则制定之前,一些地方政府已经试行了几年信息公开制度。与此同时,中央也从世界各地借鉴了实行信息自由法和保护知情权的法律的经验教训。并不只有中国面临着这些压力并尝试着予以回应。为政府信息公开制定的规则是全球大潮流的一朵浪

---

① Jamil Anderlini, "Punished Supplicants," *Financial Times*, March 5, 2009, http://ft.com/cms/s/0/7d13197e-09bc-11de-add8-0000779fd2ac.html#axzz1MGWyU5IE.

花,在这股潮流中,各国纷纷制定了规则,承诺要建立更加公开透明的政府。① 因而,本章将从三个互相交织的层面展开论述:第一,透明化措施本身对中国未来政治发展的重要性何在;第二,这些法规是如何从地方层面推广到全国层面的,这对中国试验主义方法的前景意味着什么;第三,跟世界其他地方的类似法律和法规相比,特别是与主要新兴国家及其先进的透明化实践相比,这种规则的推广有什么特点。②

20世纪90年代,在中国农村的"村务公开"运动中刮起了一场提高透明度的风潮。21世纪初的头十年,各省市都纷纷赶上了这一潮流。国家在2002年5月制定了草拟全国政府信息公开条例的规划,并在中国社科院成立了一个研究小组。2002年7月,国务院收到了草案,但并没有立即发布指导意见,而是允许一些城市先行试验,发布它们的自己的政府信息公开指导意见,从而积累相关经验。③ 2003年1月,广州的政府信息公开规定生效。接着,广东省的经济特区汕头市的政府信息公开规定生效。2004年1月,上海颁布了信息公开规定;紧接着,同年2月,深圳这个商业中心也发布了规定。全国各地也在进行类似试验。单是2004年就有24个省市公布了类似的信息公开规定。到2006年中期,这一数目已经增加到了30个以上。④ (参看框5-1中国政府信息公开时间表。)

这些透明规定表明中国的治理正在发生显著的变化,反映了新

---

① 如欲了解概况,请参见弗罗里尼(Florini)编:《知情权》(*The Right to Know*)。www.freedominfo.org 是一个涵盖了各国经验以及各政府间组织发布信息等内容的不错网站。

② 如欲进行这种比较,可参见 Article 19 网站发布的《全球知情权指数》(*Global Right to Information Index*),www.article19.org/pdfs/press/rti-index.pdf。

③ Horsley, "Toward a More Open China?" *The Right to Know*, Florini (ed.).

④ 同上,pp. 69-81.

的通讯技术手段，尤其是互联网，已经取代了传统的通讯方式，而政府也越发意识到有必要转换国家角色了。① 主动对公众发布消息的做法打破了成规，信息不再是由官员们囤积起来定量发布从而增加他们讨价还价的筹码了，也不再经过层层的官员等级垂直传递了。提出透明度这一概念并赋予公民知情权也颠覆了当时的观念，那就是国家"拥有"与其活动有关的信息，保密应当成为公认的操作规范。

框5–1 中国政府信息公开时间表

1988年3月，中国共产党十三届二中全会要求把公开工作制度作为建设诚信政府的重要内容，并批准进行政务公开试点。

1997年9月，江泽民总书记在党的"十五大"报告中要求"政务公开"。

1998年11月，《中华人民共和国村民委员会组织法》将村民自治和"村务公开"的做法予以制度化，特别强调要实行财务公开。

2000年12月，《中共中央办公厅、国务院办公厅关于在全国乡镇政权机关全面推行政务公开制度的通知》要求乡镇政府推行"政务公开"，要求县（市）以上政权机关逐步推行"政务公开"。

2001年12月，中国加入了世贸组织，并签署协议确认遵守某些国际透明条款。

2002年11月，广东省广州市施行中国第一部地方政府信息公开规定，规定于2003年1月1日生效，在中国历史上第一次明确规定信息公开，要求政府机关主动发布政府信息，并承认"自然人"有权要求广州市政府提供信息。

---

① Interview #7, conducted by Ann Florini and Yeling Tan, Beijing, China, May 21, 2009. 为了保护受访者的隐私，本章仅列出访谈的序号。

2003年1月，上海市施行中国第一部省级政府信息公开规定，规定于2004年5月1日生效，为落实政府信息公开制度以及报告相关事项提供了一个全面的框架。

2004年3月，国务院公布《全面推进依法行政实施纲要》，规定行政透明和促进政府信息公开是全国各级政府的目标。

2005年3月24日，《中共中央办公厅、国务院办公厅关于进一步推行政务公开的若干意见》明确提出党和中央政府的政策是鼓励提高行政透明度，并要求制定全国政府信息公开条例。

2007年1月，国务院发布《中华人民共和国政府信息公开条例》，并在同年4月公布了全国性的实施细则，要求将全国城镇政府的信息公开做法制度化。

2007年8月4日，《国务院办公厅关于做好实施〈中华人民共和国政府信息公开条例〉准备工作的通知》为政府机关规定了完成期限，要求它们准备好政府信息公开指南和公开目录。

2008年4月29日，《国务院办公厅关于施行〈中华人民共和国政府信息公开条例〉若干问题的意见》提供了一些更有用的指导意见，指出可以修订分级信息的密级，至少可以公布部分档案，但也表示如果要查询的信息与政府信息公开条例第13条所规定的查询者的"特殊需要"无关，政府机关可以不予发布。

2008年5月1日国际劳动节放假期间，政府信息公开条例生效。

来源：这部分时间表由自由信息组织（Freedominfo.org）的撰稿人贺诗礼（Jamie Horsley）提供，贺诗礼是耶鲁大学中国法研究中心副主任，耶鲁大学法学院高级访问学者和法律讲师。时间表全文见http://www.freedominfo.org/regions/east-asia/china。

但与所有声称开放政府供公众监督的法律法规一样，中国的政府信息公开条例反映了一系列因素之间的折中，这些因素包括保留某些信息的正当需要，保守秘密可能带来的利益与大范围披露信息的公共利益之间的冲突。中国的试点允许各地试验不同的折中模式。当中央制定的全国性规则取代地方试验的时候，折中模式的变化在很大程度上体现了全国治理改革面临的挑战。

政府信息公开规定：从地方到全国

透明法要考虑很多事情：基本原则、范围、背景和过程。说到基本原则，国家的条例与地方的规定有很大的区别。上海和广州的政府信息公开规定都明确把保障"知情权"作为指导原则之一。[①]世界各国普遍认为公民有权获取政府掌握的信息这一原则正是透明法律法规的根本所在。但中央发布的《政府信息公开条例》的第一条却没有明确宣布知情权的原则。相反，它声明条例的目标是"提高政府工作的透明度，促进依法行政，充分发挥政府信息对人民群众生产、生活和经济社会活动的服务作用"[②]。措辞上的变化很明显；

[①] 上海规定的第一条提出必须"保障公民、法人和其他组织的知情权"，而广州规定的第一条则指出必须"保障个人和组织的知情权"，第四条更是提到"个人和组织是'公开权利人'，依法享有获取政府信息的权利"。见"上海市政府信息公开规定" (Shanghai Municipal Provisions on Open Government Information. www. law. yale. edu/documents/pdf/Shanghai_ Municipal_ Provisions. pdf)；广州市人民政府 2002 年 11 月 6 日第 8 号令"广州市政府信息公开规定"(Decree no. 8 of the Guangzhou Municipal People's Government dated November 6, 2002, "Guangzhou Municipal Provisions on Open Government Information". http: //freedominfo. org/wp - content/uploads/documents/provisions. pdf)。

[②] "中华人民共和国政府信息公开条例"，2007 年 4 月 5 日公布，2008 年 5 月 1 日生效，www. law. yale. edu/documents/pdf/Intellectual_ Life/CL - OGI - Regs - English. pdf。

同样明显的是，透明条例依据的基本原则不再是知情权，而是变成了技术专家的某些善治目标。

这一转变还表现在前提假设的区别上。在上海和广州的规定中，信息公开应该是常态，保密才是例外。① 与此相反，政府信息公开条例却专门规定了信息公开的限制和条件。比如，第 8 条提到："行政机关公开政府信息，不得危及国家安全、公共安全、经济安全和社会稳定。"由于未加详细说明，这一条为官员们保留信息不公开提供了广阔的余地，而且什么可以算作对安全和稳定的威胁，也不太明确。②

另外一个区别表现在谁可以查询信息上。地方透明规定为公民和组织查询信息提供了相当广阔的空间，无需满足什么前提条件。③ 与此相反，政府信息公开条例第 13 条只允许公民、法人或其他组织"根据自身生产、生活、科研等特殊需要"查询信息。

把地方透明化试验推广到全国改革时产生的这些区别表明地方

---

① 《上海市政府信息公开规定》第 3 条提到："除本规定第十条所列依法免予公开的外，凡与经济、社会管理和公共服务相关的政府信息，均应予以公开或者依申请予以提供。"广州市政府信息公开规定"政府信息以公开为原则，不公开为例外"。

② 此外，第 5—7 条提到，公开的信息必须"遵循公正、公平、便民的原则"，"及时、准确地"发布，以及如果涉及的信息"依照国家有关规定"需要批准的，未经批准不得发布。第 14 条提到，信息发布"应当依照《中华人民共和国保守国家秘密法》以及其他法律、法规和国家有关规定"，而且涉及"国家秘密、商业秘密、个人隐私"的信息不得公开。最后，第 34 条要求行政机关建立"政府信息发布保密审查机制"，未建立这一机制的，"如果情节严重的"，该机构将受到行政处罚。

③ 《上海市政府信息公升规定》的第 7 条提到公民、法人和其他组织"有权依据本规定，要求政府机关向其提供有关的政府信息"。与此类似，广州规定的第 13 条提到，要求查询的信息应当公开，"除非该信息属于法律、法规或本规定禁止公开的内容"。

和中央之间存在着张力,两者在考虑问题时可能侧重点不一样。上海和广州走的路是检验透明化治理的效果和不足,而全国条例不仅在公开的范围上有所保留,而且也反映了相当不同的观念:有效治理优于知情权;保密是常态,公开才是例外,而不是相反。如果把这些重要的区别搁置一旁,在编制和发布信息应当遵循的行政程序上,政府信息公开条例大体上符合上海和广州确定的标准。①

国际比较

中国的政府信息公开条例不仅可以与国内的经验进行比较,而且可以同世界各地的潮流进行比较。比如,国际上在透明规则适用于政府的哪些部分这个问题上就存在相当大的差异。在美国,尽管大多数州都有类似的法律,但信息自由法(FOIA)只适用于联邦机构。与此相反,印度近来制定的颇有影响的信息权利法则适用于各级政府的各个部门,并且在政府信息涉及私人部门时也可以扩展到后者。在中国,政府信息公开条例第2条指出该条例仅适用于"行

---

① 政府信息公开条例的第3条和第4条规定了执行的责任部门,要求建立政府信息公开制度。第9—12条明确了政府应当公开的信息类型,而就中国人的背景而言,这对于限制政府隐瞒信息的能力是有用的。条例的第三章规定了关于公开方法和程序的具体细节,比如说,信息应当通过公报、网站、报刊等媒介公开,并为公众阅览国家档案提供场所。信息应在从形成或变更算起的20个工作日内主动公开,有关部门必须在15—30个工作日内答复信息查询要求。此外,有关部门应申请提供信息时不得收取像邮资这样的成本费之外的任何费用。条例的第四章阐述了具体的监督保障机制,比如,这里规定所有的行政机关必须在每年的3月31日前发布政府信息公开年度报告。第33条规定,公民、法人或其他组织"认为行政机关在政府信息公开工作中的具体行政行为侵犯其合法权益的",可以申请行政复议或提起行政诉讼。

政机关在履行职责过程中制作或者获取的,以一定形式记录、保存的信息",而像人民代表大会、司法机关等政治机构却在形式上不适用。鉴于这一潮流是为了制定更加广泛适用的法律,中国更关注提高行政事务而非政治事务的透明度,这进一步确认了国家这一行动背后的政治动机:最终目的是提高治理效率。

> **框5-2　世界各地的透明化法律与实践**
>
> 　　考虑到经济环境和政治环境的不同,拒绝拿中国的政府信息公开规定及其实践与像美国或瑞典这样的成熟民主国家的信息自由法进行比较是常有的事(中国官方经常这么做)。但这股提高政府透明度的全球性潮流已经不再局限于富裕的民主国家了。其中,有三个发展中国家可以为中国提供相当有用的经验教训,它们是墨西哥、南非和印度。
>
> 　　墨西哥曾在制度革命党(PRI)的一党统治下走过了70多年。在20世纪的最后25年,该国逐渐走上了民主化道路。2000年,第一位非制度革命党籍的总统候选人当选,民主化达到了高潮。[a]在民主化的过程中,提高政府的透明度一直是个饱受争议的话题。人们逐渐达成了共识,认为在一个民主社会中,获取政府掌握的信息应当是一项基本权利。公民社会组织率先与国际同行和学术界联系,一方面学习如何草拟、制定和执行相关的法律,一方面联结那些可能会推动墨西哥政府提高透明度的国外同行。墨西哥的新总统比森特·福克斯(Vicente Fox)在竞选纲领中就提出了政府信息公开的要求,而他也遵守了自己的诺言:2002年,在公民社会组织和新总统的推动下,墨西哥制定了联邦信息权利法(Federal Access to Information Law)。
>
> 　　墨西哥的案例表明,(国内外)公民社会的参与和政府的领导对于制定有意义的法律来说非常重要。这部法律的执行更为有趣。为了将政府信息公开制度化,墨西哥设立了联邦信息权利机

构（Federal Access to Information Institute）。这是一个由五六个独立专员领导的自治机构，用西班牙语首字母缩写来表示就是IFAI。IFAI要确保政府机构遵守法律，对查询信息要求遭拒的人提交的申诉进行复议，并保存了一整套的裁决档案来支持查询信息的行为。墨西哥还配置了Informax电子系统，公民可以用这个系统向联邦机构提交信息查询申请，也可以用它来查看结果和回复。由于《联邦信息权利法》只适用于联邦一级的政府，各州便效仿联邦政府的榜样制定了自己的法律，并设立了自己的信息权利机构。尽管没有哪部信息自由法是完美的，墨西哥也不例外，但墨西哥处理政府信息的方式却有点特别。自2004年实施以来，政府已经接到了30万条查询申请，并揭露了一批腐败大案。

但在别的地方，由于缺乏这些举措，执行遇到了很大的困难。南非在结束种族隔离以后也有类似的问题。但把人权的保护制度化——以前的体制曾严重侵犯人权——获得了优先考虑。尽管1996年宪法（第32条）规定要保护获取信息的权利，但四年之后才制定了相关法律：信息权利促进法（PAIA）。[b]不过，它的执行情况还是饱受批评。根据开放社会研究所（Open Society Institute）的司法正义倡议项目（Justice Initiative）对一些国家执法记录的评估，南非在这方面进展乏力，政府机构几乎对大多数正当的信息查询申请视而不见。[c]

然而，在发展中国家的所有这些事例中，最引人注目的显然是印度透明法出台的经过。这部法律是该国大量的公民社会组织合作发起的一场旷日持久、极为广泛的运动的结果。尽管多数争取信息权利法的运动都是由中产阶级专业人士（律师、学者等）引领的，但就印度这方面的运动来说，基础却要宽泛得多。故事开始于印度拉贾斯坦邦（Rajasthan）的一个偏远乡村。20世纪90年代早期，那里的工人和农民不堪压榨，便组织起来进行了抗争事情的诱因是，为政府资助的农村开发项目（建学校、修公路）干活的临时工索要工资，却被告知他们的名字不在雇工名册上。人们于是聚集起来静坐，但并不是要钱，而是要求查阅名册。地方官员本想拒绝这一要求，但迫于压力巨大，最终还是让步了。公开查阅的结果令人啼笑皆非：人们发现名册上都是一些死人的名字，还有一些在册的人根本不知道他们被人雇佣了，而且还得了工资。长话短说，在接下来的几年里，拉贾斯坦邦和其他几个邦制定了信息权利法。后来，底层的小运动汇合在了一起，形成了全国人民知情权运动。2005年，国大党重新上台，赞扬了运动提出的制定信息权利法的口号，邀请运动的参与者帮助起草相关法律。在最后通过的法律中，有一条尤为值得注意。它规定，政府官员本人必须在规定期限内回复信息查询要求，否则，每耽误一天，负责官员就要交一天的罚金。

  a.欲了解墨西哥事例的细节及后续进展，请参见 www.freedominfo.org/regions/latin-america/mexico/.
  b.Dale T. McKinley, "The State of Access to Information in South Africa," prepared for the Centre for the Study of Violence and Reconciliation, Johannesburg, 2004.
  c.Laura Neuman and Richard Calland, "Making the Law Work," *The Right to Know: Transparency for an Open World*, Ann Florini (ed.), Columbia University Press, 2007, p.183.

中国语境下的透明度

  从理论上说，全国性的政府信息公开条例可以通过多种途径减少信息不对称和强化负责关系。第一，乡镇到省级的各级政府主动发布信息可以大大降低中央的监督成本，提高政府运作效率，减少腐败现象。第二，政府信息公开可以理顺国家与企业的关系。尽管中国发生了从计划经济到市场竞争机制的转型，但久而久之，政府特别是省级政府和企业之间的关系已经变得相当密切。鉴于国家的中心工作转移到了经济增长上，这种不透明的密切关系通常符合地方政府的利益。然而，结果却是企业行为缺乏约束，保护企业的倾向常常以牺牲其他社会目标（如健康和环境）为代价。随着透明化条例的引入，政府必须要发布经济、行政以及其他方面的各种信息。与促进经济增长相比，它们也面临着更大的压力去实施监管私人部门的相关规定。第三，由于公民可以获取更多关于政府活动的信息，他们就可以利用这些信息监督政府，使其负责，或去了解自己感兴趣的事项。第四，非政府组织可以利用这些规定监督国家和企业行为，解读和发布信息以吸引人们关注相关社会问题，从而发挥一系列的功能。

上述每一个效应都能以不同的方式影响治理体系。就第一、第二点来说，提高效率、减少腐败现象和加强企业监管，能够提高执政党的执政能力和合法性，从而增强整个体制的可持续性。就第三、第四点来说，赋权给公民和推进公民社会，也能够让体制获得更多的民主空间。

不过，各国的透明化政策不尽相同，因此应当在中国的特定环境中考虑政府信息公开条例的效应。如上文所述，墨西哥、韩国、印度和美国等国家的透明法是基于知情权制定的，与它们不同，中国的政府信息公开条例在指导思想和实质内容上都有局限性。就指导思想来说，制定条例的动机不是把信息自由或知情权当作目的或原则的观念，而是当作改善治理的工具性目标。既然条例不适用于党的机关、司法机关和立法机关,那么党内做出的许多重要的政治决策就无需遵守透明的要求。① 不过,党的机关和司法机关也一直在向着更加公开的方向作谨慎的调整,稍后本章将会论述这一点。

第二,政府信息公开条例属于国务院条例,而不是全国人大通过的法律,这意味着政府信息公开条例不具备约束政府的法律资格。② 由于国家保密法和国家档案法规定实行信息管制,因此信息公开和保密的法律地位是不一样的。此外,这些法律与政府信息公开条例如何配合实施也缺乏明确规定。诚然,早前对政府信息公开条例文本的分析表明,政策的精神是以保密为常态,以公开为例外,而以信息自由法或知情权为基准的法律则恰恰与此相反。③

由于所有这些缘故,再加上条例实施的宏观背景是中国的政党—国家体制,我们不能像通常假设的那样想当然地认为有效的透明化政策一定会伴以更加负责的政府。

条例是否会发挥预期的几点效应还不得而知。在过去30年,中国制定了近300部法律,而在一位学者看来,许多法律都执行不力或标准不一。④ 本书开篇提到,第一个大挑战就是官员体系的高度分割,不论横向的各个职能部门之间,还是纵向的上下级结构,都是如此。省级以下的地方政府在高度分散的状态下运作,以致中央的

---

① Paul Hubbard, "China's Regulations on Open Government Information: Challenges of Nationwide Policy Implementation," *Open Government: A Journal on Freedom of Information* 4 (no. 1) (April 11, 2008).

② Interview #9, conducted by Ann Florini and Yeling Tan, Beijing, China, May 22, 2009.

③ Jamie Horsley, "China Adopts First Nationwide Open Government Information Regulations," http://freedominfo.org/2007/05/china-adopts-firstnationwide-open-government-information-regulations/.

④ Interview #8, conducted by Ann Florini and Yeling Tan, Beijing, China, May 22, 2009.

条例要经过层层传达，政策意图易受淡化或歪曲。第二个挑战是体制长期以来惯有的高度非正式性，较低级别的政府尤其如此。制定政策往往基于不成文的社会规范和私人关系而非政策上的考虑和要求。结果，新规定需要以各种不同的方式协商确定之后才能得到贯彻和执行。

第三，国际经验充分证明，最成功的透明规定是那些内在于一系列社会行为人（包括媒体、企业、公民和非政府组织）主动查询信息、为社会大众解读信息并利用信息来维护自身利益的决策和选择过程中的规定。作为一场从各个地方运动的成功中成长壮大的全国性草根运动的结果，印度颇具影响的信息权利法之所以有效，是因为有那么多的公民和公民社会组织准备运用它，并不断运用它。在美国，媒体主导的国家安全档案库（它是一个非营利的档案库，与官方的国家档案不是一回事）利用美国信息自由法查询信息，发布了大量国际性的新闻报道，其中包括古巴导弹危机和奥萨马·本·拉登事件。① 但是在中国，媒体必须小心翼翼地对待政府，公民权利缺乏保障，非政府组织也不得不小心谨慎行事，在这种情况下，人们查询信息受限很多。

由于条例只是从 2008 年起才开始生效，要断言条例的成败还言之过早。不过，我们发现，它开始有了一些积极的进展，但也有一些短期难以战胜的挑战。为了考察现状，我们研究了全国和地方上的变革。

在中国权力下放的结构中，只有当既得利益者或掌权者在地方

---

① 参看国家安全档案网站（http://www.gwu.edu/~nsarchiv/）。该网站自称是一家位于乔治·华盛顿大学的独立的非政府研究机构，拥有一个图书馆。网站通过信息自由法（Freedom of Information Act）搜集和发表解密文件。

层面推行变革时，全国政策才能得到贯彻。我们先从正面入手，以北京市政府和湖南省政府为例来考察地方政府的举措。这两个案例展现了全国政策在地方层面得到积极执行所产生的影响。

放眼国内：转变中的思维方式

一个值得注意的进展是官方思维方式的转变，公开成了治理的一个趋势。一位研究政府信息公开条例的专家提到，政府官员对透明化不再那么持怀疑态度了，他们认识到透明化是大势所趋，政府需要公开化。① 越来越多的中央部委主动发布自身的活动信息，缩小了政策规定和实际执行情况之间的差距。政府网站逐渐也增设了政府信息发布专栏、用于讨论的聊天室和与政府官员交流的信箱。② 思维方式的转变表明了公民和国家之间能够而且应该以新的方式打交道，政府对自身在治理方面的角色有了新的认知，这反映在官方的新口号"透明政府"、"责任政府"和"法治政府"上。③

这种调整对官员来说并非易事。在接受采访时，多个政府官员描述了从"政府管人民"的旧思维转变到"人民管政府"的新思维的过程中遇到的困难。④ 转型的挑战反映在日常的政府运作中。比

---

① Interview #1, conducted by Yeling Tan, Beijing, China, July 13, 2010.

② Jamie Horsley, "Update on China's Open Government Information Regulations: Surprising Public Demand Yielding Some Positive Results," April 23, 2010, http://freedominfo.org/2010/04/update-on-china-open-governmentinformation-regulations.

③ Horsley, "Toward a More Open China?" in Florini (ed.), *The Right to Know*, pp. 81, 82.

④ Interview #1, conducted by Ann Florini and Yeling Tan, Changsha City, Hunan Province, China, May 18, 2009.

如，湖南省政府办公厅过去只跟其他政府机构打交道，但随着政府信息公开条例的贯彻，它第一次发现还不得不跟老百姓打交道。[①] 北京市发现，虽然培训有助于转型，但改变思维方式还有一个更重要的因素，那就是政府工作人员在与老百姓打交道时得到的正面反馈。比如，受理公众申请的工作人员被公民的事情感动后，更有反过来学习政府信息公开条例的动力了。从不愿发布信息、害怕发布信息、不知道怎样发布信息到充分认识到公开的意义，互动过程也促使政府文化发生了转变。[②] 根据北京市的经验，思维方式的转变最终也改善了政府的服务质量。[③] 机构内部的经验交流也产生了另一种正面反馈。北京市西城区每月发布一份内部文件，在相关机构之间传递，一方面向取得积极成果的榜样学习，另一方面跟进落实政府信息公开条例方面的最新进展。这些举措既传播了知识，又使透明的标准成了政府工作的基本要素。

放眼国内：官僚机构的精简和组织

贯彻政府信息公开条例关系到编排海量的信息、制定新的责任指南和具体程序，以及清理互相冲突的旧指南。这一过程本身就有助于政府办事过程的透明化和权力运作的规范化。但鉴于需要审查、编排、精简和发布的信息数量巨大，顺利执行条例需要配备相当的财力和人力。这就是说，在一些较贫困的地区，由于政府缺钱，条例的执行将会面对较多的障碍。

---

① Interview #1, conducted by Ann Florini and Yeling Tan, Changsha City, Hunan Province, China, May 18, 2009.
② 同上。
③ 同上。

比如，在贯彻政府信息公开条例的第一年，北京市政府取消、修订和合并的审批程序分别计有 52 项、76 项和 275 项。① 为了表达贯彻条例的决心，政府配备了各种资源支持透明化工作，设立了市区县三级政府信息公开办公室，培训市级政府工作人员 2000 名、区级（市级以下）工作人员 24000 名。政府调配人力处理政府信息公开相关事务，还设立了一个内部协调委员会，并制定了规则和规定指导执行过程。② 北京西城区政府也设立了一个协调机构对各职能部门的工作进行评估，并准备组织一次由 10000 个家庭参与的公众评估。③ 在湖南省，执行活动包括解密大量的政府信息、开办发布信息的网站和报纸，以及批准和取消各种政府行政手续。④

政府信息公开条例的规定相当宽泛，为解释条例和政府裁量留下了充分的空间，不过，地方政府也可以另外制定指导方针对细节加以明确。办公厅和法制办制定的实施细则包含了全国性指导方针不曾规定的细节。比如，尽管全国条例一般禁止发布涉及国家秘密的信息，但湖南省的实施办法却明确规定："对主要内容需要公众知晓或者参与、但是其中部分内容涉及国家秘密的政府信息，应当经法定程序解密或者删除涉密内容后，予以公开。"⑤ 这些细则缩小了政府机构自由裁量的范围，使它们不能随意根据国家保密法拒绝公

---

① Interview #4, conducted by Ann Florini and Yeling Tan, Beijing, China, May 20, 2009.
② 同上。
③ 同上。
④ Interview #1, conducted by Ann Florini and Yeling Tan, Changsha City, Hunan Province, China, May 18, 2009.
⑤ "Measures of Hunan Province to Implement the Regulations of the People's Republic of China on Open Government Information," www.law.yale.edu/.../CL-OGI_Hunan_OGI_Measures_ (Eng_FINAL).pdf.

开信息。在湖南的雨花区，当地政府的官员制定了详细的规则和规定，阐述了执行政府信息公开条例的程序，明确了相关机构在执行条例中的责任，并成立了一个联席委员会和一个专家评估团。除了对信息进行分类、编组并通过网络发布以外，当地政府还对工作人员进行了执行方面的培训，使他们明白了政府信息公开条例及配套的行政程序规定（APR）对他们的要求。雨花区政府还做了进一步的宣传工作，使居民了解这些变化。①

北京和湖南的所有这些行动都是在积极明晰地方政府机构的角色，使国家对社会更加负责。像湖南省政府制定的行政程序规则这样的执行指南，显示了政府正尝试着对运用权力的过程予以规范化和系统化，对如何行使国家权力予以明确化。因而，这些指南促进了政府的法制建设，缩小了随意决策的范围，也对政府信息公开提出了更加严格的要求。② 考虑到在推行和维护透明条例方面，政治意志的缺乏往往是一个极大的问题，这些明确的规定可以说是很大的成绩。③ 在接受采访时，湖南省直接负责贯彻政府信息公开条例的官员认为，当时的省长个人的重视是省政府取得成功的一个因素。④ 北京市政府也强调说，在他们的执行过程中，最高领导人关于中国建设负责、透明、公开和法治政府的指示是一个激励人心的因素。⑤

---

① Interview #3, conducted by Ann Florini and Yeling Tan, Yuhua District, Changsha City, Hunan Province, China, May 19, 2009.

② Interview #1, conducted by Ann Florini and Yeling Tan, Changsha City, Hunan Province, China, May 18, 2009.

③ Laura Neuman and Richard Calland, "Making the Law Work: The Challenges of Implementation," *The Right to Know*, Florini (ed.).

④ Interview #1, conducted by Ann Florini and Yeling Tan, Changsha City, Hunan Province, China, May 18, 2009.

⑤ Interview #4, conducted by Ann Florini and Yeling Tan, Beijing, China, May 20, 2009.

第五章　从地方试验到全国规则：阳光照进中国

国家与社会之间

人们通常认为，透明化措施加强了公民确保国家对其负责的能力。在中国的体制中，政府信息公开条例主要适用于国家机关，却绕过了这一体制中的党的机关。对于后者，人们尚不清楚是否会发生同样的变化。政府信息公开条例等措施正在成为公民参与的一个渠道，这一点表现在北京信息查询要求的增多上：2008—2009 年期间只有 300 多件，而 2009—2010 年期间就增长到了 4000 多件。人们可能会认为查询信息的公民来自社会精英阶层，如律师、专家、大学教授等。不过，据报道，查询信息的人群非常广泛，既有退休工人，也有艺术家，还有拆迁户。①

被查询的信息类型也显示了公民的主要关切。许多查询都跟征地这个对政治和社会都很重要的问题有关。② 长期以来，缺钱的地方政府依靠征地开发获得了大量收入，而失地的公民却找不到申诉或补偿的渠道。③ 此外，人们还经常查询有关退休金、教育费用、政府预算、公共基础设施建设费的使用等方面的信息。④

政府信息公开条例的积极运用也促进了公共政策的转变，这些变化反映了其他方面的趋势。政府预算透明化引起了善治拥护者的格外关注。预算是政府权力的核心，决定了如何落实社会重点项目

---

① Horsley, "Update on China's Open Government Information Regulations."
② Interview #1, conducted by Yeling Tan, Beijing, China, July 13, 2010.
③ Michael Wines and Jonathan Ansfield, "Trampled in a Land Rush, Chinese Resist," New York Times, May 26, 2010 (https://nytimes.com/2010/05/27/world/asia/27china.html?pagewanted=1&_r=1&sq=china%20land&st=cse&scp=1).
④ Horsley, "Update on China's Open Government Information Regulations."

和如何分配公民税收。① 由于公民（律师、教授及专家）要求查询政府支出信息的一系列事件得到了高调报道，引发了全国热议，财政部便公布了2009年国家预算和刺激计划的细节。2010年3月，全国人大常委会预算工作委员会宣布将人大收到的地方政府预算以及获批的国务院各部委预算公之于众。广东省政府和上海市政府也公布了它们的预算，而之前这些信息曾被视为国家机密。自此以后，政府各部也随之跟进。②

这些规定为社会提供了更大的空间，激励了越来越多的社会力量支持执行的过程。2009年，北京大学法学院的公众参与研究与支持中心与耶鲁大学法学院的中国法中心发起了政府信息公开观察联盟（OGIWA）项目，对国务院下属的43个机构、30个省以及6个省份的97个县市级行政单位推行政府信息公开的情况进行了评估。（评估结果详见本章后文。）结果的发布反过来也给政府施加了遵守条例的压力，并把政府透明度提升为一个社会问题，从而影响了公共舆论。

国家与公民社会之间

本书讨论的两个治理改革即透明化改革和公民社会改革之间有着紧密的联系。放眼世界，只有当人们总是需要政府提供信息的时候，透明化措施才能起作用。尽管某些人会积极查询与自己有关的政府档案，但只有公民社会组织才会产生长期、持久的信息需求，

---

① 欲获取关于全球趋势、国别比较等问题的全面信息，参见 the International Budget Partnership 网站（http://internationalbudget.org/）。
② Horsley, "Update on China's Open Government Information Regulations."

而且正是通过公民社会组织，政府发布的信息才会广泛传播，进而转化为促使政府改革的压力。

许多非政府组织抓住这个机会，运用政府信息公开条例查询与其业务有关的信息。这样一来就对官员造成了持久的压力，促使他们保持执行力度，同时，这也增加了落后部门不作为的成本。就全球来看，公开机制在环保领域的进展特别迅速，这里既涉及政府机构，也关系到国内外的非政府组织。[1] 我们在第四章提到，环保部与公民社会的关系非常紧密，它一直积极拥护政府透明化，并在2008年施行了环境信息公开（OEI）办法，规定了各级政府的环保局（EPBs）发布信息的具体责任。关于污染企业的信息越来越多，一家名为公众环境研究中心（IPE）的非政府组织便利用这些信息充实了其空气和水污染在线数据库，使跨国集团得以检查它们在中国各地的供应厂家是否符合污染防控标准。比如，沃尔玛和耐克等公司就利用数据库检查供应链，并要求违法的供应商改善它们的污染管理程序，然后交给一个叫做绿色选择审计（Green Choice Audit，是一个环境非政府组织联盟）的第三方核查。只有绿色选择审计确认污染企业采取了纠正措施，并取得了令人满意的核查报告后，才会将其从污染数据库除名，并从网上撤销包括矫正措施信息在内的报告。[2]

自然资源保护委员会（NRDC）是一家总部位于美国的环保类非政府组织，长期活跃于中国。2008年，公众环境研究中心与这个

---

[1] Vivek Ramkumar and Elena Petkova, "Transparency and Environmental Governance," *The Right to Know*, Florini (ed.), pp. 279 – 308.

[2] World Resources Institute & IPE, "Greening Supply Chains in China: Practical Lessons from China – based Suppliers in Achieving Environmental Performance," WRI Working Paper, October 2010, www.wri.org/publication/greeningsupply – chains – in – china; Maria Shao, "Ma Jun and the IPE: Using Information to Improve China's Environment," Case SI – 115 (Stanford Graduate School of Business, 2009).

委员会合作,设立了污染信息透明指数(PITI),对一百多个市级政府的环境信息公开情况进行了排名。2009年公布的指数排名结果显示,总的执行情况不太乐观,虽然有一些地区执行得不错,但各地区的进度高度不平衡,凸显了政府信息公开规定与其实际执行情况还存在着很大差距。根据2010年公布的指数排名结果,平均分有所提高,但还是有相当一些城市的总分或个别项目的分数有所下降,表明了改革的持续进行还面临着一些挑战。

还有一些国际性或全国性的非政府组织利用政府信息公开措施开展了各自的评估。比如,绿色和平组织(Greenpeace)在2010年发布了一份报告,详细论述了2008年全球财富500强的8个跨国公司以及同年中国财富100强的10个中国公司的环境信息公开表现,而这些公司此前曾被中国环保部门列入污染物超标排放的名单。该组织发现,在被列入污染物超标排放名单后,这18个公司所属的25家工厂没有一家在规定时限内公开其环境信息,2家工厂正在利用或排放过量的危险化学物品,3家公司所属的4家工厂最终发布了一些很有限的信息。① 国家推行环保规定时经常是有选择的,依靠非正式的协议。② 在这样的背景下,非国家的渠道给企业施加的额外压力也可以提高这些透明规定的有效性。污染受害者法律援助中心(CLAPV)发布了一份关于如何运用政府信息公开措施的公民手册,并为地方非政府组织提供了培训,此外,还对7个市遵守政府信息公开措施的情况进行了评估。

不过,非政府组织的重要作用并不限于环保问题。艾滋病组织

---

① Greenpeace, "Silent Giants," 2009, http://greenpeace.org/raw/content/east-asia/press/reports/silent - giants - report.pdf.

② Hua Wang and David Wheeler, "Equilibrium Pollution and Economic Development in China," *Environment and Development Economics*, 8 (2003), pp. 451 - 66.

"爱之星"也可以利用政府信息公开条例来查询和获取关于保护和救治艾滋病人的政府政策的信息。但信息的发布并不是自愿的,非政府组织必须提起行政复议或诉讼才行,是否能够成功还很难说。①

这里概述了非政府组织的行为,强调了第四章关于国家和公民社会的关系发展变化的经验教训。政府和非政府组织并不是作为密不可分的整体与彼此互动的,相反,由这些透明规定造成的利益格局显示了中央政府和地方政府之间以及各个职能机构之间的差异。例如,在环保方面,环保部(MEP)相对于其他职能机构而言更为支持国家与公民社会的合作。2011年,环保部发布了"关于培育引导环保社会组织有序发展的指导意见",不仅提到了非政府组织对于环境治理的重要性,而且也建议地方政府允许它们多多参与:

> 要求各地做好以下工作:制定培育扶持环保社会组织的发展规划;拓展环保社会组织的活动与发展空间;建立政府与环保社会组织之间的沟通、协调与合作机制;奖励表彰优秀的环保社会组织与个人;加强人才队伍建设,开展多方面、多层次的业务培训;加强规范引导,促进环保社会组织的自律;促进环保社会组织的国际交流与合作等。②

环保部之所以态度这么积极,部分是因为中国以经济建设为中心,而且环保部也是一个刚刚成立的部(2008年,它才从国家环保局升格为部),就推进环保进程而言,这个部在中央决策格局中处于

---

① Horsley, "Update on China's Open Government Information Regulations."
② 环保部"关于培育引导环保社会组织有序发展的指导意见",2011年1月10日,http://www.mep.gov.cn/gkml/hbb/qt/201101/t20110110_199699.htm。

较弱的地位。环保部对非政府组织采取积极态度的另外一个原因是它缺乏资源，不能监督和促使地方政府查办污染企业。因此，环保部有动机去鼓励非政府组织的发展和与地方政府打交道。

约束国家：司法机关

尽管政府信息公开措施不适用于司法机关，但它提高透明度的举措还是可以把公开的要求传递给其他国家机关。20世纪90年代后期，公安部、最高人民检察院和最高人民法院向全国的下属机构发布命令，要求提高操作的透明度。2002年伊始，市区的地方人民法院便安装了集中式电视系统，记录了所有法院的庭审过程，供上一级人民法院的法官实时观看。到了2010年，最高法院要求各级法院安装这一系统，将这一做法推广到了全国。① 鉴于地方法院对同级政府负责而非对上一级法院负责，这种监控还是非常重要的。由于司法机关并不是与党和政府分立的，因此法院判决往往有偏向性。

2010年前后，地方人民法院试验了各种各样的机制来提高透明度。例如，2010年3月，河南省通过中国法院网（www.chinacourt.org）对一场租金争端案件的庭审过程进行了现场直播，意在敦促省级以下的法院提供更多的这种直播。② 辽宁省也开始试行网上播放庭审过程，并将

---

① "最高人民法院关于人民法院法庭专用设备配置的意见"（法发 [2002] 21号），2002年11月28日。意见全文见 http://law.baidu.com/pages/chinalawinfo/10/89/b793fc792a66f44f3b3c0b7e65352034_0.html。"最高人民法院关于庭审活动录音录像的若干规定"（法发 [2010] 33号），2010年8月16日，规定全文见 www.law-lib.com/law/law_view.asp?id=324868。

② "Sunlight Judicature Promoted in Henan Province through Live Broadcasting Court Trials Via the Internet," http://nbcp.gov.cn/article/English/Government Transparency/201004/20100400007127.shtm。

庭审的书面档案和音频视频上传到了政府网站。① 同年，重庆市开通了"阳光便民网络大平台"，将该市46个检察院的网站连成了一体。这个系统整合了各级司法机关的信息，公民可以在上面查到各个案件的信息，如当事人的姓名、案件要点和控诉过程等。② 上海市也在提高法院透明度上有所进步。比如上海闸北区人民法院不仅对庭审进行了直播，而且公开了关于法院执行过程的手续和信息，还鼓励建立数字档案。③

政府信息公开措施也直接影响到了司法机关，相关的行政申诉和行政诉讼案件越来越多。比如，在上海，与政府信息公开的行政申诉和行政诉讼案件就高达50%。2008年，上海人民法院处理的283件诉案都与政府信息公开有关。此外，律师们也利用政府信息公开规定索取信息，为其案件寻找证据了。④ 2009年11月，作为这些事情的最终结果，最高人民法院不仅起草了一系列指导意见解释政府信息公开条例，而且将草案提交公众讨论。⑤

法院透明化的这些努力与信息技术的发展结合起来，改变了公民参与司法过程的方式。例如，2010年，湖南省宁乡县人民法院发

---

① "All Trials of Intermediate Courts to Be Live Broadcasted Online before the End of the Year in Liaoning Province," http://nbcp.gov.cn/article/English/Government-Transparency/200911/20091100004744.shtml.

② "Sunshine Online Grand Platform for Facilitating the People," http://nbcp.gov.cn/article/English/GovernmentTransparency/201002/20100200005984.shtml.

③ "Various Measures Taken in Zhabei District Court of Shanghai to Make Judicial Affairs Transparent," http://nbcp.gov.cn/article/English/Government-Transparency/200907/20090700003205.shtml.

④ Horsley, "Update on China's Open Government Information Regulations."

⑤ Wang Jingqiong, "Law to Promote Gov't Transparency," *China Daily*, November 3, 2009, http://chinadaily.com.cn/bizchina/2009-11/03/content_8903259.htm.

布了 2006 年一件有关贷款争端的判决。媒体报道说判决援引了《民法通则》第 159 条,但该法却只有 156 条。这引发了对涉案法官及其助手的调查,案件本身也被移交给另一组法官重审。①

对党的约束

新近的迹象表明,提高透明度的要求或许正在越过政府机构,触及中国共产党的机关。2009 年 3 月,中共国产的选择了三个县率先进行提高党的透明度的改革:河北省北部的成安县、江苏省东部的睢宁县和成都市西北部的武侯县。在成安县,包括党的主要负责人在内的领导照片、简历、手机号和办公电话都发布在了县政府大楼的公示栏上。此外,该县还公开了各个政府部门和大型工程的预算信息。接着,该县对政府职能进行了精简和分类,并明确了常委、纪委和全体党员的责任。用县长张臣良的话说,"公布了他们的职责,居民们就知道有问题或意见时该找谁了。"

2010 年 11 月,中纪委和中组部联合发文,要求更多的县参与试点。文件指出,公开透明的价值在于,它作为一个工具可以用来规范权力行使、加强对党的用权行为的监督。同一篇文章还援引中央党校党建教研部副主任戴焰军的话说,(透明)旨在健全决策权、执行权、监督权相互制约的权力结构,并以此发展党内民主。②

---

① 苏晓洲:《判决书引用法律条文竟是子虚乌有》,载《南国早报》2010 年 4 月 2 日,http://ngzb.gxnews.com.cn/html/2010-04/02/content_370610.htm。

② Xinhua News, "Xinhua Insight: Communist Party of China Aims to Curb Corruption through Transparency Reform," http://news.xinhuanet.com/english2010/indepth/2010-11/27/c_13624859.htm. (也可参考"中纪委、中组部印发《关于开展县委权力公开透明运行试点工作的意见》",见 http://news.xinhuanet.com/politics/2010-11/18/c_12791380.htm。——译者注)

与此相应，2009年9月，中共十七届四中全会提出建立党委发言人制度，以便发布党务信息和接受采访。2009年12月，国务院信息办发布了为加快建立党中央各部门和省级党委的发言人制度而采取的举措。① 2010年7月，对党的中高级官员进行培训的中央党校对60个记者开放，其中包括来自24家国外媒体的42个记者。②

只有有限的证据表明这些试点对党的公开和党内的制约与平衡产生了社会政治效应。然而，这些试点正在进行，官方也宣布承认党需要增强责任意识，这些都反映出中国共产党内部对改革必要性的认识愈加深刻。

挑战

规定的范围：保密与公开之间的张力

政府一方面想通过执行更加严格的官僚纪律，赋权给非国家的行为者，另一方面又想保持控制力和权力，两者之间难以取得微妙的平衡，这是执行方面面临的第一个挑战。本章开头论述的政府信息公开条例的范围就已经体现了这种张力。

政府信息公开条例是国务院条例，因此就受制于国家保密法和档案法，这一事实有好几层含义。第一，对于这些法律怎样与政府

---

① Wu Jiao, "CPC at All Levels to Have Spokesperson," *China Daily*, December 30, 2009, http：//chinadaily.com.cn/china/2009-12/30/content_9244059.htm.
② Xin Dingding, "Central Party School Opens Doors to the Media," *China Daily*, July 1, 2010, http：//chinadaily.com.cn/china/2010-07/01/content_10042918.htm.

信息公开条例相互作用还缺乏明确的说明。这样，官员们就可以随意地援引两部法律中的任一部作为不公开信息的理由。第二，法律没有确认公民的知情权，再加上法制改革的进程缓慢，使得公民在获取信息的要求遭拒后很难提出诉讼。保密和公开两者之间的规制关系不明确，也给政府部门留下了宽泛的裁量空间，使他们可以根据情势或者当下的直接利益来解释自己的职责。

尽管为提高透明度作出了很大的努力，但国家还是一直在加强审查力度，确保自己能够掌握要公开的信息类型和控制公开讨论的界限。这一事实凸显了政府的保密性和公开性之间存在着冲突关系。比如，在2008年，中国发生了一些大事，引起了国际媒体的强烈关注。3月份，西藏发生了暴乱。① 两个月后，也就是5月份，四川省又遭遇了7.9级的地震，成千上万的人失去了生命。8月份，北京奥运会开幕，世界的目光再次聚焦于中国。在媒体对这些事件的报道范围上，政府的口径不一，表明政府内部在如何处理大规模事件方面存在着互相冲突的紧张关系，但其压倒性的关切始终是维稳。

《卫报》（The Guardian）记者、前驻华外国记者协会主席乔纳森·沃茨（Jonathan Watts）说，在西藏暴乱的时候，除了一位外国记者碰巧已经在西藏外，"外国记者根本不许亲身实地查看正在发生的事情……所以说这是一种闭关锁国的做法，是用老办法做事。"② 这一时期，雅虎、YouTube视频、《卫报》以及当地对英国广播公司

---

① Jake Hooker, "At Shuttered Gateway to Tibet, Unrest Simmers against Chinese Rule," New York Times, March 26, 2008, https://nytimes.com/2008/03/26/world/asia/26tibet.html?_r=1.

② Interview with Jonathan Watts, conducted by Yeling Tan, Beijing, China, January 11, 2011.

国际频道和美国有线电视新闻网的信号接收都受到了影响。① 四川地震之后,沃茨说:"我们之所以能够顺利进入,与其说是因为政府的政策,不如说是一个意外。我们没有被阻挡在该地区以外,可以自由游走。我认为这不是安排的,因为大家都知道当时一片混乱,一切都崩溃了。"然而,地震刚过去几周,当学校倒塌事件和劣质建筑问题浮出水面时,"突然间外国记者就被拒之于学校门外了,而且控诉的家长们也被要求闭嘴。我们采访的高官说,嗯,透明是好的,透明是很有用的……[但]现在这已经变成了一桩有关社会稳定的事件,所以,对不起,我们不许你们获取想要的所有信息,也不准你们想去哪儿就去哪儿。"

在北京奥运会期间也有审查,但对外国记者放松了控制。比如,记者不经外交部的批准和监管就可以在境内旅行。只要事先征得个人或组织的同意,不需要向政府部门申请许可证就可以进行采访。②

之后还不到一年,当新疆的首府乌鲁木齐爆发了维吾尔族和汉族之间的冲突时,记者们发觉媒体政策改变了。外国记者没有遭到封锁,据沃茨说,"外交部事实上还布置了一个新闻中心,也为来访的外国记者安排了出行。他们确实在尝试不同的方式。"规定的这一放松反映了一种更加精细的办法,这种办法更加注重微妙的迂回策略,而非公然而迟钝的物理控制手段。③

随着时间的流逝,公开性和保密性之间以及放松管控和收紧管控

---

① Mark Sweney, "China Blocks Media due to Tibet Unrest," *The Guardian*, March 17, 2008, www.guardian.co.uk/media/2008/mar/17/chinathemedia.digitalmedia.

② BBC News, "China's Press Freedoms Extended," October 18, 2008, http://news.bbc.co.uk/2/hi/7675306.stm.

③ Christian Science Monitor, "Urumqi Unrest: China's Savvier Media Strategy," July 10, 2009, www.csmonitor.com/World/Asia - Pacific/2009/0710/p06s05 - woap.html.

之间的张力将会如何演进，还有待于观察。既然政府信息公开条例只适用于政府的行政部门，那么它就会对政府官僚和组织产生直接影响，但它对于政治体制会产生什么样的潜在影响却不是一目了然的。①

收效甚微

政府信息公开规定的影响很难度量。比如，正如一位官员指出的，查询信息的要求少了，也许不能反映出对条例的运用减少了，而是需要的信息现在正在被主动公开。② 有形的改变发生的时候是显而易见的。然而，迄今为止改变的幅度仍然很小。比如，在中国的亿万企业中，只有约 5 万家企业的污染超标情况被记录在案并公布在公众环境研究中心的网站上（截至 2010 年 11 月）。在这些违规企业中，只有约 300 家给予了回应，解释了它们违规的原因和解决问题的措施，而提交给第三方环境选择审计检验的则只有 50 家。③ 根据 2009 年公众环境研究中心和自然资源保护委员会对市一级落实环境信息公开措施的评估，在 113 个受评城市中，只有 4 个达到了及格的 60 分（总分 100 分）。2010 年的评估显示这一数字上升到了 11 个，但也有 28 个城市的得分下降了。落实情况的不平衡和低水平反映了政策执行面临的主要挑战，那就是中央政府缺乏可靠的机制确保文件上的政策转化为实践方面的真正变革。

---

① Interview #9, conducted by Ann Florini and Yeling Tan, Beijing, China, May 22, 2009.

② Interview #1, conducted by Ann Florini and Yeling Tan, Changsha City, Hunan Province, China, May 18, 2009.

③ Ma Jun, "The Power of Public Disclosure," www.chinadialogue.net/article/show/single/en/4001 - The - power - of - public - disclosure.

公民意识及发挥

尽管运用政府信息公开规定要求获取信息的人们分布在各个领域，但大多数运用规定的人都是政策或社会精英，比如上海和北京的律师、深圳的投资者和顶级大学的法学教授，社会上有一小部分人已经通过提出申诉参与了政治过程。① 比如，大学生们曾利用政府信息公开条例获取了关于公共资助的信息。教授们则请求查询关于想高速公路过路费的公共收入信息。在湖南，一个可以为想要获取信息的公民提供帮助的法律援助中心发现，甚至在条例生效一年之后，都没有人需要他们的服务，因为政府信息公开条例的运用者似乎都是那些学识渊博并且在法律和政府制度方面游刃有余的人。②

在湖南省雨花区，尽管政府为使人们了解和推行政府信息公开条例采取了积极措施，但在条例生效一年之后，仍然没有人提出公开政府信息的要求。③ 在环保领域，甚至在环境信息公开措施实行之后，要求获取环境信息的公民还是很少。2009年，环保部仅仅收到了72宗信息查询请求，广州也只收到了17宗，而且这些要求大多来自非政府组织，而非公民个人，这表明，虽然政治意志非常必要，但就有效执行政府信息公开条例而言，光有政治意志还不够。有一桩趣事说，辽宁省大连市政府面对公开查询信息的要求很少这一情

---

① Interview #9, conducted by Ann Florini and Yeling Tan, Beijing, China, May 22, 2009.

② Interview #2, conducted by Ann Florini and Yeling Tan, Changsha City, Hunan Province, China, May 18, 2009; Interview #9, conducted by Ann Florini and Yeling Tan, Beijing, China, May 22, 2009.

③ Interview #3, conducted by Ann Florini and Yeling Tan, Yuhua District, Changsha City, Hunan Province, China, May 19, 2009.

况，竟然主动向当地政府部门提出了查询要求，以便给这些部门施压，使它们遵守政府信息公开条例的规定。①

发布的信息与要求获得的信息之间不衔接

不同种类信息的公开也是不对称的。政府公开的信息（如讲话稿或规定）并不一定与社会有关或对社会有价值。中国社科院的一项研究发现，很大一部分政府网站都编排不合理，难以操作浏览。②根据另一项对7个市环保局环境信息公开执行情况的评估，不同种类的信息在公开程度上存在着系统性的差异。环保局在公开诸如这个机构的制度设置、职责、联系信息等标准的、不敏感的信息方面表现最好，而在披露违反国家或地方排放标准的重污染企业名单时却表现最差。这项研究还发现，已经公开的信息要么不完整，要么是过时的。关于有严重危害的污染物种类及其处理、污染物排放和重污染企业名单的信息是最难获取的。考虑到地方政府把重点放在经济增长上，以及省级以下的政府与企业之间通常关系亲密，不愿公布这些信息并不令人奇怪。在已公开信息的种类以及公开的完整性和时效性方面的不一致部分地反映了执行透明政策还需要在管理上下多下工夫。此外，国家层面的指导原则过于宽泛，导致各地和各部之间的解释不一，这也是表现不一致的一个原因。

尽管政府为了回应民众的压力在公开其预算信息方面取得的进步可以被看作为提高透明度而迈出的具有象征意义的一步，但真正

---

① Interview #8, conducted by Ann Florini and Yeling Tan, Beijing, China, May 22, 2009.

② Will Clem, "Half of State Websites Miss the Mark," *South China Morning Post*, February 23, 2010.

公开的信息是否有很高的实质价值就不得而知了。比如，2010年预算信息恰恰是在人大批准了政府支出决定后公布的，所以它对资金分配几乎没有产生什么影响，也没有给公民参与或是协商留下空间。信息的范畴通常也因太过于宽泛而变得没有意义，收入和支出数字都是按照大类进行编排的，以致所有信息加起来才不过一页纸的大小。① 预算将来能否提高透明度在很大程度上取决于持续的公民压力和政府部门内部的政治意愿。

已经发布的信息与能够直接利用的、对社会有价值的信息之间不相衔接的情况也存在于其他方面。比如，就公民对政府信息公开条例的运用而言，主要是为了解决政府的其他渠道长期未加处理的申诉。政府信息公开规定最终以成为另一种信访制度而收场，这尤其体现在征地事务上。② 由于土地案件大多是历史遗留问题，这就引出了另一个挑战。在湖南，政府发现几乎所有要求查询的信息都是2005年以前的，有的是20世纪80年代和90年代的。③ 在北京，政府仅仅编排了2003年以后的信息，没有足够的行政能力满足与2003年以前的案件有关的查询要求。④ 从某个层面上看，组织人力物力满足历史信息查询需要，还面临着一些根本性的挑战。但更重要的是，要让政府发布对它有负面影响或是可能影响社会稳定的信息，它还

---

① "Evaluating China's Drive for Budget Transparency," *Wall Street Journal*, April 16, 2010, http://blogs.wsj.com/chinarealtime/2010/04/16/evaluatingchina% E2% 80%99s - drive - for - budget - transparency/.

② Interview #1, conducted by Ann Florini and Yeling Tan, Changsha City, Hunan Province, China, May 18, 2009; Interview #9, conducted by Ann Florini and Yeling, Tan Beijing, China, May 22, 2009.

③ Interview #4, conducted by Ann Florini and Yeling Tan, Beijing, China, May 18, 2009.

④ Interview #4, conducted by Ann Florini and Yeling Tan, Beijing, China, May 20, 2009.

是很不情愿的。

一位政府官员曾谈到了遵守规定与坚持维稳这个国家要务之间的矛盾。他说，过去，处理征地事务的部门不需要遵守透明规定，许多审批都不是依法进行的。现在发布档案显然会暴露政府过去没有依法行事。此外，由于不合法行为的主体是上几任而非在任的官员，所以当届的部门也不应当对此负责。既然依法行政刚刚开始实践，还没有几年的工夫，那么照理讲，暴露过去那些官员的不当行为不会有什么好处，反而只会引起骚动。不过，现在有了政府信息公开规定，对每一次征地的审批都是依法进行的，并且都发布到了网上，所以当然也就没人要求查询这些案件的信息。①

土地问题特别难解决，因为它与中国发展经济的关切之间存在着冲突。一个官员认为，地方政府很难为了公共参与或是公开审批程序而牺牲在它看来能够有效促进经济发展的东西，特别是考虑到依法行政在几年前还不是常规。所以，如果政府需要土地发展经济，它就会去拿地。② 土地问题也体现了透明原则与中国财政管理方面尚待弥补的缺陷之间存在着张力。由于无法通过正式的财政体制筹集足够的资金用于履行公共服务职能，捉襟见肘的地方政府越来越依赖预算外收入。据估计，20世纪90年代后期这些资金的运用已经占到了国内生产总值的19%—27%。21世纪头十年的改革取消了许多税费，到了2003年账面上的预算外收入下降到了3.4%。不过，政府没有了这些税费提供的收入流，为筹集资金却越来越依赖土地开

---

① Interview #1, conducted by Ann Florini and Yeling Tan, Changsha City, Hunan Province, China, May 18, 2009.

② 同上。

发，但不论在预算报告还是预算外的报告中都不会记述这些行为。①在其他方面的体制改革阙如的情况下，政府信息公开规定增强政府责任意识和改善管理的能力必将受到这些资源约束的天然限制。②

社会缺乏自治

把公开当作一个改善治理的工具来用所面临的一个主要挑战是，已发布的信息通常技术性太强、内容冗长，受这些信息影响的人们很难理解并据此行事。政府信息公开规定的效果严重依赖中介的存在，因为他们能分析和处理信息，可以敦促政府收集和发布有用信息。在解读和处理信息的挑战方面，发展中国家面临着较大挑战。那里的制度不健全，从智库到非政府组织的各种组织解读信息的能力都较弱。

尽管第四章提到中国的非政府组织有很多局限性，它们在解读和处理已发布的信息并使其有用方面还是发挥着不算很大却很重要的作用。在环境信息公开的竞技场上引人注目的是，非政府组织拿出了很大一部分精力关注环境信息公开措施的执行以及地方政府和企业不达标的重点地区。这一类活动吸引了非政府组织关注，使它们可以严格按照法律行事，同时也能作为行为者服务于中央政策的推行和实施，向中央政府证明它们的用处。诚然，既然中央机构在确保地方政府执行其政策方面面临着挑战，那么中央政府机关鼓励

---

① Christine Wong, "Rebuilding Government for the 21st Century: Can China Incrementally Reform the Public Sector?" BICC Working Paper Series 12 (Oxford, UK: British Inter-University China Centre, 2008).

② Interview #9, conducted by Ann Florini and Yeling Tan, Beijing, China, May 22. 2009.

非政府组织与地方政府打交道就没有什么稀奇的了。由于中央各部门在监督地方政府作为或不作为方面能力有限，施行惩罚的力量也不足，非政府组织就充当了额外的帮手。公民社会采取行动监督了政府在执行上的进展，提高了人们对国家政策的认识，在中央机构乏力可施的区域，有助于加强对地方政府的压力。[1]

然而，对于环保局和环保部的弱规制能力，像公众环境研究中心和自然资源保护委员会这样的组织发挥的补偿作用也是有天然局限的。最终，非政府组织只是充当了政府执行透明规定的补充品而非替代品。除了规模和能力的问题外，还存在着别的风险：政府之外的人掌握的执行力不一致，而且可能被组织最精良的利益集团俘获。[2]

制度化程度不高：转型中的体制

政府信息公开规定的目标之一是为有效管理国家与社会的互动建立制度。执行的过程表明，建立和加强这样的制度非常困难，国家本身对怎样最恰当地处理社会申诉的态度也存在矛盾。一方面，《国家人权行动计划（2009—2010 年）》宣布要设立国家投诉受理办公室，以反映政府对全国越来越多的社会申诉的回应。[3] 2011 年 1 月，温家宝总理到国家信访局亲自接见来访者时也曾正式承认需要以制度来协

---

① Peter Ho, "Greening without Conflict? Environmentalism, NGOs and Civil Society in China," *Development and Change*, 32 (2001), pp. 893 – 921.

② Susmita Dasgupta, Hua Wang, and David Wheeler, "Disclosure Strategies for Pollution Control," *International Yearbook of Environmental and Resource Economics 2006/2007*, Tom Tietenbergand Henk Folmer (eds.), Cheltenham, UK: Edward Elgar, 2007.

③ National Human Rights Action Plan of China 2009 – 2010, www.gov.cn/english/official/2009 – 04/13/content_ 1284128. htm.

调国家和社会的事务。① 另一方面，由于申诉制度受到压制，上访者经常在去信访办的路上遭到堵截，被扔进"小黑屋"②。

目前还不清楚在调和国家与社会的关系方面是否已经开始了制度化进程。网络驱动下的治理和"私力救济（或私刑）"表明人们用尽了制度渠道内外的各种办法来化解社会冲突。比如，在广州的一个案件中，一个富商的儿子开车碾了人，导致后者死亡。地方上的交通管理机构说该车的时速为70公里。人们在网上纷纷质疑这话的准确性。后来，广州市政府介入案件，成立了一个调查委员会，证实车速要远大于之前公布的数据。③ 尽管这个案件真相大白，正义得到了伸张，但不管是政府还是公民的回应都完全脱离了申诉和纠正的制度渠道，都是被动反应，缺乏前瞻性。虽然可以说这些事情让人们对知情权的期望愈加深切，但游行示威和网上抗议事件的增加却表明这些新生的调和制度目前还存在很多缺陷。

执行不力

从地方试验到全国规定的扩展面临的一个重大挑战就是落实和执行。政府信息公开条例由国务院制定，表明中央政府把政府透明放在相当重要的位置。然而，国务院自身的执行力有限。国务院办

---

① Chris Buckley, "China's Wen Meets Petitioners in Show of Worry over Discontent," January 26, 2011, www.reuters.com/article/2011/01/25/us – chinarights – wen – idUSTRE70O2L920110125.

② Jamil Anderlini, "Punished Supplicants," *Financial Times*, March 5, 2009, http: /ft.com/cms/s/0/7d13197e – 09bc – 11de – add8 – 0000779fd2ac.html # axzz1MGWyU5IE.

③ Interview #7, conducted by Ann Florini and Yeling Tan, Beijing, China, May 21, 2009.

公厅必须要实现多重政策目标，没有精力在全国范围内严格推行条例。相反，条例的推行在横向上放权给了各个部，在纵向上则下放到了各个行政级别的地方政府。虽然条例的部分意图是减少放权体制中的信息不对称现象，但官僚的条块分割还是给这些规定的执行造成了很大挑战。激励结构的根本性错位不利于推行提高透明度的措施。比如，在环境信息公开措施的执行中，地方环保局要听从环保部的政策指示，但它们的资源却由地方政府掌控。然而，地方政府却大多认为经济增长优于环境保护。一些地方政府确实有推行规定的政治意愿，也取得了显著的进步，比如早前所述的北京和湖南。但什么也不做的地方政府面临的惩罚也很少。就是在中央政府中，许多部门也没有按照要求公布它们 2009 年在推行政府信息公开条例方面取得的进步，最后也都是不了了之。① 一项研究证实，2009 年在 30 个省级行政单位②中有 90% 的省份制定了范围标准各异的政府信息公开细则，不过，在评估中只有不到一半的省份在实际推行这些规定方面取得了足够的进步，拿到了及格分。③

司法缺陷

政府机构内部的执行不力，再加上法律不清晰和司法机关缺乏独立性，使得执行情况变得更加不容乐观。前面曾提到，档案法和保密

---

① Interview #8, conducted by Ann Florini and Yeling Tan, Beijing, China, May 22, 2009.

② 不包括港、澳、台和西藏。——译者

③ Center for Public Participation Studies and Support, Beijing University Law School, "Summary of the 2009 Annual Report on China's Administrative Transparency," September 2010 (translated by The China Law Center, Yale Law School).

法是政府信息公开条例的上位法。而就条例内部而言，也没有对基本的公开原则予以明确表述，这样一来，某个信息应该公开还是保留便以随意决定而告终。① 因此，怎样定义国家秘密和商业秘密以及保密事项，怎样调和政府信息公开条例与关于保密和政府档案的现行法律，这样的问题就留给了每个地方去处理了。② 正如贺诗礼所说：

> 在中国……党最终控制着政府人事制度和法院。尽管根据1989年的行政诉讼法，中国公民可以起诉政府机构滥用权力，但法律的统摄范围狭窄，法院通常不愿受理涉及未经证实的权利的案件——因为它们本应只是运用而非解释法律——以及政治敏感事项。所以，中国公民从根本上缺乏手段迫使政府保障新授予的信息权利。③

尽管涉及政府信息公开事项的诉案数量还在增长，法院判决却极少支持公开。比如，贺诗礼2010年发表的关于政府信息公开进展的文章就提到，上海的原告方"绝大多数输掉了事关政府信息公开的案子"，在2004年到2008年的约400件相关诉案中，只有一例证实政府信息公开条例获得了支持。④ 尽管如前面所述，司法机关某些方面新出现的公开气象鼓舞人心，但变化仍微不足道。2008年，中

---

① Center on Asia and Globalisation, Lee Kuan Yew School of Public Policy, National University of Singapore & The Asia Foundation, International Workshop on Access to Information, March 2009. Workshop report available upon request.

② Interview #4, conducted by Ann Florini and Yeling Tan, Beijing, China, May 20, 2009.

③ Horsley, "Toward a More Open China?" *The Right to Know*, Florini (ed.), p. 82.

④ Jamie Horsley, "Update on China's Open Government Information Regulations."

国所有法院的判决总数高达984万件，而公开的判决总数（截至2009年4月10日）却只有约6万件（不足1%）。①

结果公开还是过程公开

尽管在公开诸如法律、条例等决策过程的"结果"方面取得了进步，但开放政府无一例外地都要公开决策过程，其中也包括允许公民参与。虽然以前的规定承认需要建立公众参与机制，但在实践中还是付之阙如。② 比如，湖南省曾把它的政府信息公开措施草案发布出来提交公众讨论，却发现人们还不习惯评论和核查草案。③ 措施草案征集到了100多条意见，但这些还包括政府从国际上的专家那里征集到的意见，来自公民的意见则寥寥无几。不过，公民对政府信息公开规定的了解还是呈现出了良好的态势。比如，北京市就发现其政府网站的点击数不断增长。之后，到2009年5月，市政府信息公开中心前四个月的访问量已经超过了全国条例生效的2008年全年。④

向地方放权与全国指导的平衡

在执行不力和不均衡加剧的情况下，发布全国性政策与非中央

---

① 《裁判文书上网为何"雷声大雨点小"》，http://news.xinhuanet.com/comments/2009-04/13/content_11175545.htm。

② Interview #1, conducted by Yeling Tan, Beijing, China, July 13, 2010.

③ Interview #1, conducted by Ann Florini and Yeling Tan, Changsha City, Hunan Province, China, May 18, 2009.

④ Interview #4, conducted by Ann Florini and Yeling Tan, Beijing, China, May 20, 2009.

机构的执行必须要保持巧妙的平衡。政府信息公开执行过程的一个明显趋势是，纵向上的不同行政层级和横向上同一行政层级的各部门所付出的努力极不均衡。比如，北京大学和耶鲁大学法学院主持的政府信息公开观察联盟从机构建设①、制度建设②、依职权公开建设、依申请公开建设以及监督救济五个范畴评估了国务院相关机构以及省级和省级以下各级政府。评估结果表明，中央政府和地方政府在每个范畴的具体指标上都表现不同。③

通过进行小范围试点来进行改革试验的做法，其好处就在于每个地方都可以根据当地的环境和发展的需要草拟试验的指导方针。不过，如果把试点经验上升到全国层面，决策者就需要权衡了，制定的规定既不能为特定区域的需要腾出空间的考虑而过于具体，也不能太过于宽泛，以防止解读宽松和执行不力。

一位政府官员提到，鉴于规定的宽泛性，不同的地方就有不同

---

① 机构建设是指"政府信息公开审议和协调机构的领导水平是否要高于相应的主管部门［通常指办公厅（室）］"。

② 制度建设是指政府信息公开规定是否与保密和档案管理规定协调一致。

③ 评估结果显示，就平均情况来说，各省的表现要优于中央机构。在总分100分的评估中，各省的"通过率"是40%，而国务院各部门却低达4.7%。各省指数的平均分是57.4；国务院各部门是46.1，比前者要低上10分。从这五个绩效指标来看，国务院各部门在制度建设、机构建设和依申请公开建设方面表现较好，各省在依职权公开建设和监督救济这两个方面表现较好，而后两个指标在评估时给予的权重也最大。此外，评估结果还显示，在被选择参加省以下评估的6个试点省份中，省级政府的表现大体上要显著好于市级政府。平均起来，省级政府比市级要高出14.3分。政府信息公开观察联盟的报告评论说，表现上的不平衡反映了政府信息公开所需要的资源集中在较高级别的政府手中。报告还指出，尽管公开政府信息的一些驱动力来自草根的关切，但这一层面的人们却没有相应的资源配置，这是一个很重要的看法。北京大学法学院公众参与研究与支持中心，《2009年度中国行政透明度年度报告》，2010年9月。

的解读，比如，怎样计算信息查询要求的数目就是如此。① 对政府应该公布哪些类型的信息这个问题也是莫衷一是。② 这些不一致使得案例比较难以进行，也很难了解执行的总体进展情况如何。

更大的问题在于，让各部门、各地方自己执行意味着执行的过程并没有明确哪些地方更需要提高透明度。污染程度较高的城市（以二氧化硫排放量占工业产值的比例来计算）在执行环境信息公开措施方面大多表现较差。③ 拥有高度集中的工业基地的城市（比如那些依赖一个工业企业的城市）在这方面也往往表现较差。④ 这些调查结果表明，提高透明度的压力并没有产生减少污染的效果，这要么是因为有些城市的政府知道污染水平高，自己不愿意接受较为详细的检查，或者本来就对环境监管不太重视，要么是因为当地经济高度依赖某一个产业来获取收入或解决就业问题，政府被产业利益套牢，没有足够的讨价还价能力维护对污染企业的监管权威。

然而，那些在提高透明度的战线上冲杀在前的地方，却要被迫删减自己的规定，才能与全国的指导方针保持一致。比如，上海不得不调整其透明政策，使其与以前相比更能增强公开性，又要局限在政府信息条例规定的范围内。⑤ 湖南省在草拟该省的执行规定时，

---

① Interview #1, conducted by Ann Florini and Yeling Tan, Changsha City, Hunan Province, China, May 18, 2009.

② Interview #7, conducted by Ann Florini and Yeling Tan, Beijing, China. May 21, 2009.

③ 根据作者测算。

④ Peter Lorentzen, Pierre Landry, and John Yasuda, "Transparent Authoritarianism? An Analysis of Political and Economic Barriers to Greater Governmental Transparency in China," 2010, Paper presented at the APSA Annual Meeting 2010, http://papers.ssrn.com/sol3/papers.cfm? abstract_ id =1643986.

⑤ Interview #9, conducted by Ann Florini and Yeling Tan, Beijing, China, May 22, 2009.

不得不绞尽脑汁地既强调"以公开为原则，不公开为例外"（第 2 条）的精神又不能把它说得太明确，因为明确提出这一原则就超出了政府信息公开条例的范围。①

这种艰难的权衡显示了中国政策创新的核心挑战。政府信息公开规定的宽泛性导致的宽松政策既有积极影响也有消极影响。就好处来说，宽泛的指导方针允许遵守方针的地方进行创新，发现适合其特定环境和需要的路径。但是，政策解读上这一同样宽大的空间，也给腐败留下了可乘之机，允许不太积极的地方政府在执行上仅仅达到最低限度，想办法绕开透明规定或什么也不做。结果，透明规定恰恰是在最需要它（去对付腐败和加强负责意识）的地方遭遇了失败。

结　论

中国政府信息公开规定的这些事例展示了中国治理改革的试验方法既有活力又面临着困难。在透明规定推广到全国以前，广州和上海这些地方的试行规定给中央提供了规定有效的切实证据。尽管这样的改革办法已经在经济领域存在了很长时间，但对付棘手的治理问题的类似试验还是比较新颖的。政府信息公开规定展示了中国政府积极应对与中国经济的继续发展相伴而来的社会政治问题的努力，以及地方政府是怎样与全国的努力联系在一起的。

但迄今为止的政府信息公开经验表明，在中国这种放权于地方

---

① Interview #1, conducted by Ann Florini and Yeling Tan, Changsha City, Hunan Province, China, May 18, 2009.

的行政架构中，国家政策的执行面临着巨大挑战。一些案例展示了在国家的有力领导以及公民和公民社会的积极参与、合力促进下，政策得到了相对快速和有效的执行。但由于执行权留给了各个地方，因此恰恰是在掠夺性的统治精英势力浸淫最深的地方，我们才最有可能发现进展最慢的情况。这一挑战将适用于所有把地方经验推广到全国的那些改革，对于研究前面各章谈到的革新对国家治理结构会产生哪些影响也具有参考价值。

政府信息公开的事例也表明，中国政府已经超越了党纪的传统机制，开始采用新的规制工具，而这些工具显然是建立在关于国家与社会互相关系的不同假设之上的。尽管如此，正如本章所展示的，这里的透明规定不一定是在与民主治理体制下相应规定相同的框架中运行的。中国的政府信息公开规定具有独特的范畴，并且是在政党—国家体制下执行的。这样一来，我们就需要以全新的思维模式来理解这样一些规定是如何在中国运作的，公开渠道的运作是如何改变政府内部以及改变政府、社会和企业之间的激励和讨价还价能力的。一些有利的改革可能通过完全始料未及的机制才发生作用。比如，在环境领域，企业不得不对其生产过程进行清洁处理是因为环境信息公开的指导方针。不过，改革的压力并不是来自政府或公民，而是来自跨国企业客户的国际供应链。

所以，政府信息公开规定呈现了一种全新的治理模式，这种模式既不同于中国共产党传统的控制机制，也不同于传统的民主治理机制。因而，这些规定对中国未来政治轨迹的潜在影响远不是一目了然的。在同一层级的各个部门之间以及不同的行政层次之间，执行的力度不一；各种各样的行为人也具有各种不同的动机和利益。如果说公开的首要目的是减少腐败和提高行政效率，那么规定可能增强了政党—国家体制的弹性，同时效率的提高也增强了合法性。

不过，正如我们看到的，规定的正式范围相当有限，仅适用于行政机关而非党和司法机关。

党和国家对公开与控制的冲突关系举棋不定，将来会发生什么也不明晰。透明的规范或许会慢慢地适用于党和司法机关，从而提高整个体制的透明度；相反，某些事件可能会使党禁止信息的自由传递，导致规范上的矛盾乃至死胡同。同时，我们也看到了政府信息公开规定是如何赋权于公民、社会精英和公民社会利用公开规定的宽泛空间维护他们的利益的。随着这些群体继续在规定的限制内争取让国家增强责任意识，信息技术和社会网络的全球延伸也正改变着全世界公民运动的大趋势。即便得到了全面执行，政府信息公开规定是否能够跟上社会媒体发展的步伐还很难断定。

我们面前不是一条直线向前的单行道，而是一条曲折反复的弯路。显然，就赋权于多种多样的利益集团而言，政府信息公开规定正在加深中国支持威权和支持民主的力量之间的争论。

第六章　中国向何处去

中国处在政治十字路口的说法虽是老生常谈，却是正确的。尽管中国还远算不上西方意义上的民主政体，但其越来越复杂的管理却不能简单地归于威权体制的范畴。不时采取的严厉措施表明，当中国领导人感到自己的权力受到威胁时，他们不会让法治或负责机制束缚手脚。不过，他们也认识到中国不能再靠中央命令统治下去。现代化和市场化的经济，庞大的中产阶级的迅速兴起，再加上手机和互联网等信息技术的普遍传播，都要求采用新的办法治理这个庞大的国家，同时也为此提供了可能。

中国对这些压力的回应是小心试验。试验的范围从行政改革、放松对社会组织的控制、信息流动自由到意义深远的竞争性选举（尽管很少见但越来越多）。这些往往在中央各部门的支持下进行的试验，大部分旨在改善现行体制的绩效，而不是为了给这个体制的根本转型奠定基础。但试验也可能产生意想不到的结果。

本书展示了经济政治权力的全面下放是如何允许甚至要求地方官员进行试验的。纷乱杂陈的试验结果呈现出各种不同的模式，表明不同地方、不同类型的试验之间存在着相当大的差异。有的试验得到了中央批准，有的试验没有。在这两种情况下，规则都不是固定的，而是经常变来变去。（但有一点不变：党的绝对权力地位不容挑战。）有的创新得到了中央政府的欢迎，或甚至就是由中央政府发起的，比如"政务超市"和繁琐的行政审批制度的全面精简。但也有一些创新遇到了障碍，比如乡镇和人大的半竞争性选举就遭到了反对。对中国的政党—国家体制而言，其纵向的上下级之间也缺乏一致性：一些深受高层欢迎的创新受到了下级既得利益精英强烈的抵制。

考虑到中国面临的许多重大挑战以及这种变数颇多、变化剧烈的局面，那些为提高政党—国家的效率和效能而付出的努力能否满足公民越来越高的要求，还是一个未知数。有的观察家认为威权主义的制度化取得了成功，有的观察家预言民主化不可避免，而在我们看来，政治进程的发展可能走两条路中的任意一条。1989年以来，中国努力把不满控制在地方层面。但任何一个方面都可能会引发系统性的震荡。经济放缓，与他国的冲突，环境大范围恶化的速度加快，抑或这些因素的某种组合，都会考验该国的制度。中国密不可分的党政机关将如何应对？充满活力的公民社会是否正在兴起？

试验的经验教训

本书研究了四个试验领域，分别是行政改革及其对政治变革的意义，党政职位的竞争性选举，社会组织的成长和管理，以及提高透明度的举措，尤其是最近的政府信息公开条例。在这四个领域中，我们既发现了希望，也见证了压制。我们看到地方党委书记为了平息乡镇人民的不满而进行了选举创新，艾滋病活动家受邀给国家主席提建议，也看到社会组织一旦触犯官员利益就会被随意取缔。不管进行哪一种改革，都会使不同主张之间的竞争愈发激烈。尽管所有个案都各有特殊性，但对它们的研究有助于突出哪些群体如何获得权力,而这种竞争又是沿着哪条线索展开的。

从中央的角度来看,精简行政程序显然是优先事项。效率更高的地方政府能够为公民提供更多的服务,证明整个体制拥有有效的治理能力,从而支撑执政党的合法性。随着中国20世纪90年代向地方放权,省以下各级政府发现自己被赋予了承担治理责任的权力。因而,这些改革往往是从地方创新开始的。不过,中央很快就接手了这项事业。以删减行政审批事项为内容的行政改革能够变成一场全国运动,在很大程度上是由中国2001年"入世"的国际谈判催生的。依法行政也使正在成长中的私人部门从交易成本的大幅降低中得到了好处。

这些行政改革对地方政府的影响更为复杂。当公民和企业能够很快并公开地拿到许可证时,地方滥用权力的空间显然被压缩了。但官员自有迂回的办法。我们在深圳看到,在某轮改革中取消的一些行政审批程序却在下一轮开始时重新写到了规定中。而且,地方官员确实面临着难以抵挡的巨大压力,必须要保持经济的不断增长。许多地方官员认识到,政府行政程序必须采取迅速发放执照的措施,才能提高经济效率,加速经济增长。诸如"政务超市"这样的试验反映并且促进了对政府和公民角色以及国家—社会适当关系的认识转变。这可能潜在地巩固了一个回应性的、因而合法性更加充分的、却仍然保持威权主义的体制。

不过总的来说,没有迹象表明仅凭这些行政改革本身就能够解决中国的治理问题。这些年,人们看到了这类改革风靡全国,也看到了抗议、示威和暴力冲突事件的迅猛增加。据报道,在最近几年里,每年都有约9万起这样的事件。毕竟,善治不仅仅是要给公民提供预先确定的那些服务,它还包括建立确保管理者对公民负责的有效机制。

负责问题把我们带到了政治改革的第二个范畴：选举。我们看到，在中央机构的支持下，现在村一级已经普遍实行了"半竞争性"选举（即选举时选民可以在单个候选人而非有组织的政治力量中作出选择）。换言之，中国多数人口现在可以利用周期性选举挑选最基层的代表，并且通过下一次选举可能丢掉职权的预期来保证这些代表负责，在这方面，他们已经有了切身体验。

在党内，选举机制越来越普遍。① 这些党内选举之所以重要，不仅是因为党在中国是统治中枢，而且也是因为党的规模庞大。拥有约7000万成员的党与一个较大型的国家规模相当，吸收了广大社会政治精英。② 最引人瞩目的是，2007年，中共中央最有权力的政治局委员是通过某种类似于选举的程序选出的，其中包括多个候选人为有限的职位而进行了竞争。尽管这一程序的细节尚不清楚，但众所周知，高层已经采纳和实行了某种类似于选举的机制。这一事实表明，选举作为使政治权力的行使合法化的机制，其重要性在某种程度上已经得到了公认。

至少，党员群众为党内职务投票时，情况就是这样。有迹象表明，为竞争乡镇或更高级别的政府职务（比如县长或当地的人大代表）举行的半竞争性公开选举得到了民众的热情拥护。尽管如此，中央只是冷淡地认可了这种做法，谨慎默许的案例非常少。毕竟，这种创新行动是由地方而非中央发起的。20世纪90年代震动全国的步云乡选举并不是对体制的挑战，而是当地县委书记的大胆试验，

---

① 乳山县的案例表明，在某些情况下这两个范畴是重叠的。非党员村民在选举村委书记时有权发言，但迄今为止，这在农村也只发生过一次。

② Yu Keping, "Ideological Change and Incremental Democracy," *China's Changing Political Landscape: Prospects for Democracy*, Cheng Li (ed.), Brookings Institution Press, 2008, p. 56.

其目的是让乡镇居民配合镇政府各项规划。另外，有独立候选人在县政府的反对下当选县级人大代表、随后又代表选民积极履行职责的事件被大量报道并得到了民众的广泛支持，尽管这种支持未必保得住当选人的职位，也未必能解除对他们的监控。

选举的故事才刚刚开篇，故事情节将如何发展难免引人疑问。在政府公职选拔工作中，在乡镇一级只举行了约 2000 次选举（全国有 41636 个乡镇），县一级总计约 15 次（全国有 2862 个县），而省市两级则没有一次。一些独立候选人当选了，他们看起来也希望自主行事。一些已确定当选的代表开设了选民联络办公室（全国人大 2010 年禁止开设此类办公室，现在它们换了名称）。[1] 但在世界上人口最多的国家，这些人只是九牛一毛，而且行动分散，还没有正式机构使他们在政治上围绕着共同的利益组织起来。正如我们看到和提到的，虽然一些独立候选人通过了选举，但不论他能否上任，党还发挥着主导作用；而且，党一般也禁止村级以上政府公职实行选举。[2] 党的高层进行的这些类似于选举的试验被一些人解读为使最高机构发生宗派政治的机制[3]，被另一些人解读为促使政治更替合法化的一个重要的新办法。[4]

---

[1] 禁止开设联络办公室的法律是《代表法》（草案），由全国人大 2010 年 8 月 23 日公布。

[2] 可参见 Tony Saich and Xuedong Yang, "Innovation in China's Local Governance: 'Open Recommendation and Selection'," *Pacific Affairs*, 76, no. 2 (Summer 2003): 185 – 208。

[3] 可参见 Joseph Fewsmith, "The 17th Party Congress: Informal Politics and Formal Institutions," *China Leadership Monitor*, 23 (2008)。

[4] 可参见 Cheng Li, "From Selection to Election? Experiments in the Recruitment of Chinese Political Elites," *China Leadership Monitor*, 26 (2008); 以及 Alice Miller, "The Case of Xi Jinping and the Mysterious Succession," *China Leadership Monitor*, no. 30 (2009)。

我们在第三章指出，这些不同的解读都是有根据的，但同样正确的是，这些试验正在让公民和党员越来越熟悉选举程序的理念和机制。选举试验的重要性不仅仅在于它们是否正在改变治理当今中国的正式规则以及这种改变进展到了什么程度。关键的问题在于（1）培养了哪些习惯、规范和期望，以及（2）这些规范和期望是否不仅影响到居于中国权力中枢的人，而且影响到那些意见从未得到反映的人。

在社会领域，我们看到了类似的矛盾。一批批社会组织发展起来了，它们可能加强也可能削弱威权主义。从医疗到教育，社会组织提供了许多重要的服务。随着现代化的快速前进，中国庞大的人口不得不忍受各种各样的社会分裂，国家机器难以应付人们的各种需要和要求。因而，这些组织减轻了国家的负担，也就加强了体制的合法性。但社会组织和网络一旦建立起来，其活动也可能超出官方审批的范围。

从某个方面来说，各级政府似乎都认识到，必须给中国公民留下结社生活的空间，让他们借以追求各自的利益和提供社会服务。在过去的30年，中国已经从党和政府控制范围之外没有任何社会组织，发展到拥有上百万俱乐部、社团和正式注册的社会组织。而且，宗族、宗教社团这些旧社会出现过的社会联系也复兴了。无疑，社会资本的建立（或重构）正以超乎寻常的速度和庞大的规模进行着。

当然，社会组织的类型多样，功能各异。在中国境内运作的有我们在第三章和第四章讨论过的群众组织和由政府主导的非政府组织，也有慈善服务组织、俱乐部和国际性非政府组织。党对这些非政府组织的控制力度减弱了。而就功能而言，这些组织有的提供服务，有的监督和促进各项规定的执行，有的参与政策制定，有的则发挥倡议作用。党也放宽了要求，允许这些非政府组织发挥这些功能。

只要党能在类型和功能上控制非政府组织，就能增加威权主义的活力。但党发现，长期来说鱼与熊掌不可兼得。在政府主导的非政府组织中，拥护官方政策的命令和有效代表成员利益的需要之间的关键性冲突正在形成。比如，工会的情形就是这样：工会代表着工人本身的利益，但体制的合法性又依赖经济的快速增长，两者自然要产生冲突。政府主导的非政府组织、一般非政府组织和国际非政府组织之间的交流和合作网络越来越密集，久而久之，在国家权力所规定的空间之外可能会形成一个明显有别于它的公共社会空间（和社会身份）。官方还必须面对现实，那就是社会组织会随着时间的推移发生变化。今天还是提供服务的组织，明天就会变成尖锐的批评者，因为在非政府组织中工作的人会逐渐认识到，他们的受益人所面临的许多问题是由更为宽泛的系统性原因造成的，而专家群体也会感到失望，因为他们看到政府在处理诸如环境恶化这样重大的政策议题时回应乏力。简言之，当考虑公民社会组织在决定中国政治未来方向上的作用时，我们发现到处都是矛盾和冲突。

因此，政党—国家仍对这整个过程极度紧张也就不足为奇了。它尤其放心不下的是公民社会的非政府组织。中央曾仔细研究了苏联等"华约"组织国家的解体以及随后在许多前共产主义国家发生的"颜色革命"，它从中吸取的教训是放任社会组织会给威权主义国家带来危险。对国外资金和合法注册的限制表明它约束这些社会组织的能力是很强的。不过，与此同时，官方有些机构也发现某些类型的非政府组织非常有用：环保部这个在官方看来力量较弱的新部门在跟着迷于增长的地方政府和污染企业作斗争时就从环境非政府组织的发展中受益颇多。

至于公开，政府信息公开规定向前迈出了第一步，承认政府有

第六章 中国向何处去

义务向其公民提供信息。但与更早的一些地方试验相比，全国条例却向后退了相当大的一步。最为重要的一个变化是删掉了"知情权"原则，并用带有技术专家统治色彩而非以权利为基础的语言描述了条例所依据的原则。这与中央的整个思路是符合的，它为了维护权力而进行带有技术专家统治色彩的改革，同时，它又试图把改革的路径限制在权利原则之外，绝对不允许在党的控制之外形成独立的政治组织。

考虑到条例能赋权于各种利益集团，整个国家的政策执行也很不平衡，因而全国条例的长期影响特别难以预料。由于不同的利益集团都得到了赋权，我们看到条例得到了公民社会团体和社会精英的积极运用，这些事件也引起了媒体的关注。支持信息公开的地方政府已经开始认真看待条例，并大力进行改革，使政府服务和政策对公民更加透明，更加积极地回应公民的信息查询要求。然而，法治缺乏，对公民自由的保护力度不够，也意味着公民无法充分运用条例处理他们的社会问题。

从中国政治的背景来看，引人注目的是这些创新大多是在事先未经中央批准的情况下由地方发起的。这与20世纪80年代政治改革的创新颇为不同，那时，地方试验通常是由中央设计和安排的。北京对这些创新的反应差别很大。在过去的十年，对于那些与行政精简有关的改革，中央多次采取详细措施予以改进和推广。但中央仍然高度警惕非政府组织，对于选举试验大多持反对态度。地方上关于透明规定的试验得到了中央的鼓励，但到起草全国指导方针的时候，中央明显缩小了广州和上海等地曾试行的公开规定的范围。

所有这些都为中国的观察家和全世界的决策者提供了重要参考。关注省以下乃至政党—国家体制内部因素的变动尤为关键。中国的一些最重要的改革并不是发生在北京，而是发生在小（按中国标准）

城镇里，由一系列政治地位重要的地方人士推动，而且这样的人正变得越来越多。另外一些重要的因素来自政党—国家的体制之内。关于中国该走什么路，党内的各种观念正进行热烈的讨论。这些内部的张力，反过来也为理解中国愈加多元化的利益结构提供了新的参照点。

这些变化不易理解，因为他们未必能简单归入民主或威权主义治理的范畴。有时确实会发生有意义的选举竞争，但这不是西方所熟悉的那种有组织的政治力量之间的碰撞。显然，中国正在变得更加多元化，但公民社会组织也更倾向于寻求与政党—国家体制合作的方式，而不是直接向其发起挑战。

十字路口的路标？

在观察中国未来数年的政治发展时，我们怎么才能知道中国沿着哪一条路前进呢？根据罗夏测试（the Rorschach test），可以说实际上关于该国的每一个说法都是正确的。这里有竞争性选举，也有斯大林式的制度。公民可以向政府索取信息，要求政府负责，但提出这些要求也可能面临打压。广泛的行政改革正在把这个体制变得更加高效、有力和负责，但腐败也迅速蔓延，达到十分严重的程度。

本书所说的这些试验的范围表明中国正在朝着第一章所描述过的四个很不相同的方向发展：

——行政改革、有限的透明措施以及对社会组织的小心控制可能孕育这样的未来，即在接下来的几十年内，一党执政的威权主义国家将成功地使中国保持在现代化的激荡历程中，这可以称为"弹性威权主义"剧本。

——半竞争性选举的逐步推广、公民社会组织的爆炸性成长以及新社会媒体对信息的广泛传播意味着中国正走在向普世意义上的民主前进的道路上，选举将在充分竞争的基础上进行，自由将会越来越多，这可以称为"民主"轨道。

——这些在限定范围内取得部分成功的行政改革和持续受压的公民社会预示着腐败的地方精英将在很大程度上摆脱中央或人民的控制，陷入裴敏欣所谓的"转型陷阱"。

——人人都最害怕的，就是不负责任的政府权力伴之以公民社会的自治，导致社会不稳定进一步恶化，引发社会混乱，这是威权主义和民主化的双重失败。

在一个万象迅速更新，甚至"地方"变化能影响千百万人的国家，对于中国未来政治发展方向的所有预测似乎都有一定的正确性。但它们不会全部都变成现实。就观察中国而言，有一件事是确定的，那就是弹性威权主义的胜利、国家的垮台、在"转型陷阱"的停留和顺利的民主转型过程不可能同时成为中国政治发展的全国性后果。

但中国政治必将朝着某一个方向发展。我们怎么才能知道将会发生什么呢？认清方向的一个方法是确定观察的路标，即事态的某些端倪。抓住这些端倪，就能够看出中国将会从当前的十字路口出发，沿着这些道路中的哪一条前进。能够给我们这些洞见的路标在哪里呢？

从中央对地方上正在开展的创新活动进行回应的方式中，我们可以看出一些最为重要的信号。我们在第一章提到，中央极其谨慎地把许多事项的权力下放给了地方，并在某种程度上积极鼓励地方的政治试验，注意从中寻找能够应用到全国的方案。因此，地方层面上发生的事情显然具有全国意义。然而，中央没有明确的计划去控制这些试验及其扩展，所以我们也必须注意那些超出中央直接规划的事件和改革。

行　政

就弹性威权主义的前景来说，最重要的是观察行政改革。政党—国家的合法性不仅越来越依赖经济增长，而且越来越依赖体制消除不平等和提供服务的能力。只有在行政效率相当高的情况下才能完成这些任务。在别国，选举和独立的公民社会提供了各种反馈机制；中国没有这些反馈机制，因而必须以某种方式小心权衡，才能建设一个高度回应性的、效率较高的有效政府。每年，全国的民众示威和抗议事件数以万计，有时带有暴力性质，这表明这种平衡还没有实现。因此，威权主义的活力增强的标志将包括全国各级政府行政精简的加快、腐败的减轻以及民众抗议事件的显著减少。如果弹性威权主义的预言正确，即使不进行更为广泛的政治改革或没有竞争机制，这些进步也会发生。

这就是说，我们应该更深入地研究"弹性威权主义"的含义，这种威权主义本质上是否是试验性的、不断演变的。因此，关注行政改革是否以及如何影响国家—社会关系也是很重要的。单纯提高效率和加强政府统治权的行政改革，与体现政府服务和责任观念的改革存在很大差别。与此类似，行政改革过程可能影响党内的运作，逐渐形成一种压力，使党在行使权力时也会受到约束。鉴于行政改革建立了反馈机制，允许公众输入意见，观察这些改革是否为公民实际参与政策过程创造了即便是受限的然而却有意义的空间，就显得尤为重要。

第六章 中国向何处去

选举机制

在西方，人们认为民主的最低定义包括：想代表选民制定和执行国家法律的候选人参与定期举行的竞争性选举。[1] 我们在论述选举问题的那章看到，竞选至少在农村和党内越来越常见，还有一些试验是关于实行政府职位半竞争性选举的。在接下来的数年，我们可以寻找一些迹象，看看竞争性选举的合法性和实践是否正在扩展：

——政治局委员的选举。2012年，中国最重要的执政机关中共中央政治局的九位常委中，预计有七位将会退休。如果他们的继任者是由某种类似于选举的过程选拔的〔即便选举人被限制在几百位党的高级官员——中国观察家称之为"选举团"（selectorate）——的范围内〕，那么这可能表明，政权通过选举程序合法化这一理念得到了进一步的制度化。[2]

——地方选举：半竞争性选举将会在乡镇和农村扩展到何种程度？或者中央是否会对这些过程严加限制？

——迄今为止，竞选活动一直是"半竞争性的"，这意味着非共产党党员可以参加竞选并当选，但不得在各自的选区组织起来。如果某些试验允许某种具有实质意义的政治组织参加选举，这将是发生重大变革的信号。

---

[1] 欲概览西方的民主定义以及这些定义与中国的思想和实践的差别，可参看 Cheng Li, "Introduction: Assessing China's Political Development," in *China's Changing Political Landscape: Prospects for Democracy*, Cheng Li (ed.), Brookings, 2008, pp. 1-12。

[2] 本书英文版（*China Experiments*）于2012年1月出版，对当年11月进行的中共中央政治局常委的换届选举研究，属于预测分析。——译者注

为了促使民主不局限在其最低定义的水平，观察某些巩固协商和辩论平台的信号也是很重要的。尽管投票可能是一个有效的机制，但光靠它并不能形成稳定的决策程序、平等的利益代表或分歧的恰当协调。在导论中，我们指出公民正通过越来越多的方式对越来越多的问题表达自己的看法。尽管如此，公民和国家打交道的渠道仍然是薄弱的、不固定的。通常，执政者坚持保守行事。在社会媒体揭露的问题引发广泛震惊后，它要么严惩腐败，要么禁止讨论这个问题。因此，表示中国民主力量得到加强的重要指标应该包括各种协商平台的建立，这些平台容纳多种多样的利益，并允许人们就一系列问题进行广泛辩论。这些平台可以采取社区圆桌、乡镇会议以及类似社会媒体空间中的虚拟会议等形式。这一讨论自然而然地把我们带到了下面两个试验领域——公民社会和透明问题。

公民社会

非政府组织注册规定的严格要求显然是为了防止出现自治的、独立的、有组织的社会部门。尽管如此，现在还是成立了一大批社会组织，其中既有正式注册的会员制团体，也有服务性组织、草根俱乐部和"虚拟"网络，它们要么不符合注册要求，要么不屑于注册。正在进行民主化的中国应该以注册规定的实质性修改为标志，沿着深圳现在进行的试验方针前进。而奉行弹性威权主义或陷入政治困境的中国则会采取上海和广州非政府组织服务中心的模式，即继续严格控制社会团体，或在社会团体中建立党组织，试图在对服务的需求与对政治空间和自治的限制之间保持平衡。

因此，关于社会组织的法律规定将是观察的一个重要领域。废除双重管理体制的做法将会推广开来，而不只局限在进行中的深圳试验中吗？政府将会放松对外国资助的限制，还是会制定鼓励国内慈善事业的规则？四川省政府组织的工会为加强与外省工会的联系而付出的努力将会是深化改革的第一步吗？接下来会不会允许会员型非政府组织在各地的发展？

实际生活的变化较为活跃，但法律规定也会慢慢跟上它的步伐。如果未来发生自然（或人为）灾害，社会为了应对这场灾害，很可能会形成某种程度的自治性社会资本，正如我们在2008年四川地震后看到的那样。此外，值得关注的还有一些别的指标，比如不同类型的非政府组织（如政府主导的非政府组织和国际非政府组织）之间的合作数量，能表明非政府组织发挥的功能更加复杂的现象（从提供服务到积极参与政策制定或政策倡导）等。同样有用的是关注非政府组织和政府部门之间的合作具有哪些特征，观察两者打交道的模式仍然是非正式的，还是联系更加紧密、更加正规化和专业化。最后，对自治程度的真正检验须通过对过去常常进行合作的非政府组织和政府部门之间的各种利益进行细分。

透　明

尽管中国令人意外地制定了与信息自由法地位相当的政府信息公开条例，但这里的治理一般而言仍然是高度不透明的。由来已久的信息不对称，再加上民主问责机制的缺失，解释了为什么会出现裴敏欣所说的"转型陷阱"：中央和地方上的百姓都不知道腐败的地方精英在做什么，因此无法遏制腐败。颁布政府信息公开条例在很大程度上就是为了解决这个问题，所以，中国未来的关键就是怎样在全国范围内推行政府信息公开条例。这反过来又部分地取决于国家关于保密和政府档案的法律是否会为了配合政府公开而进行修订。

但关于政府信息公开和保密的国家法律规章还只是冰山一角，还有很多公开措施取决于政治变革。公开是否会以某些方式使国家和社会的关系发生实质意义的转变，关于这一点，也有一些重要的指标可以观察，其中包括政府预算、草拟的规定或法院判决是否广泛进行公开，是否广泛建立允许公民对政府规章和预算进行评论的机制，对社会媒体和互联网传播消息的控制力度是加大了还是减小了，以及关于党的信息的公开程度如何。

中国政治将沿着哪条道路向什么方向前进，取决于今后若干年中国领导人及其公民作出的决定，也取决于全书所讲的政治制度和程序发展的势头。把这些事情综合起来，我们可以看出一些可能的路径。沿着由来已久的弹性威权主义道路往下走要求国家能力强大，非党组织能力弱小，以便维持分配职位和制定政策的权力。要想长期坚持这种模式，必须进行更大范围的、更加有效的带有技术专家统治色彩的行政改革；必须采取措施提高透明度以提升政府效率，在一定程度上减轻腐败，但这些提高透明度的措施又不是以"知情权"为基础的；选举只限于党内和村一级，把少量政府职位的半竞争性选举控制在现有水平上；继续严格管控社会组织。不过，只有在民众的支持下，即只有当民众在意识形态上与党保持一致，赞同这种管理方式及其所体现的价值观时，所有这些才有可能取得稳步进展。

另一个极端是走转型道路，以较快的速度较为顺利地实现完全民主。这要求在较短的时间内提高竞选的水平和范围；确保公民的知情权，并将其作为政府信息公开政策的基础；大幅修改关于公民社会组织的规定。如果公民和各个政治与利益团体积极利用为协商和代表而构建的平台，主动运用信息公开法问责于国家，公民社会组织有权提出和扩展运用社会创新方案，那么这些正式的管理规定就会获得活力，并得到充分落实。

对于寻求大规模变革的信号而言，本书所说的四个方面的改革——行政精简、选举、公民社会和透明——显然是关键的，但也要注意其他方面。对中国政治改革的全面调研还必须深入考察司法机关的作用和媒体（包括并且尤其是指社会媒体）的发展状况；随着中国与外国打交道越来越频繁，这一调研还必须考察国际规范对国内争论的影响等问题。比如，公民能否以及有多大的动力去运用信息公开规定问责于国家，取决于他们的权利是否得到了法院的保护和支持。只要地方法院继续对同一行政级别的政府负责，法官就难以对地方统治精英构成制约。在社会媒体的鼓动下，抗议官方滥用权力的事件越来越多，这也给政府施加了更大的压力，迫使其加强行政改革。由于中国越来越多地参与诸如艾滋病和环境问题这样的全球性事务，而在这些领域中已经形成了密集而活跃的、支持转型的公民社会网络，非政府组织参与治理的理念和实践也正逐渐获得某些对国内政策有影响的人士的认可。这反过来又在政府与公民社会打交道的实践中引起了更多的争论和分歧。

我们对这四个方面的论述尽管没有全面调研所需要的那种包罗万象的梳理，但还是对中国可能走的政治道路进行了颇有意思的探究。反过来说，这些道路也会因为各种各样的事件而迅速转向。

导火索与轨迹

变革会突然爆发还是缓慢进行不仅仅取决于改革的节奏。正如我们在第一章所说的，由于国内问题众多，中国并不缺乏可能引起变革的契机。

经济状况显然是一个导火索。中国人普遍认为，正是20世纪80年代的经济动荡尤其是通货膨胀使许多人涉入1989年的风波。因此，通货膨胀的显著加重和（或）失业率高企都有可能是为政治变革创造条件的关键因素。尽管领导人显然明白这一点，但将这两方面都控制下来却是一个棘手的政策难题。管理经济的任务越来越复杂，威胁稳定的因素极多，其中不仅有全球经济一体化造成的相互依赖关系，而且有地方政府债务管理、房地产价格管控、收入不平等以及国有企业定位等问题。

环境灾害可能是使人们联合起来要求变革的导火索。中国集中了全球30个污染最严重的城市中的20个，几乎所有的河流湖泊都遭受了重度污染，而每过5年，新生沙漠化的土地面积就相当于一个新泽西州。在这里，环境恶化是对千百万人健康和生命的直接威胁。每年发生的成千上万起群体性事件中，很多都是由环境灾害和管理不善引起的。如果一些群体性事件发生在同一时间，那它们可能就会广泛蔓延开来。

腐败和管理不善也是可能诱发广泛不满的问题，特别是考虑到信息技术和社会媒体的发展为丑闻的迅速传播提供了条件。迄今为止，只要不满和抗议是由管理漏洞、腐败或滥用权力引起的，政府就能迅速对其作出回应。这些回应包括采取纪律措施（比如撤换不称职的官员），也包括消除反对政府的言论。不过，这些处理都属于被动反应，不具有前瞻性。2011年7月浙江境内发生两辆动车相撞的事故后爆发的社会抗议，为观察公民对中国共产党执政记录的不满程度提供了另一个案例。浙江动车相撞事故中民众的愤怒程度尤其引人注意。因为那些受此影响的人或在此事故中有切身利益的人拥有各种表达不满的工具,其中就包括微博。① 这一事件提供了一个有价值的视角,让我们认识到,在中国,各种利益之间的脆弱平衡是很容易打破的。

值得赞赏的是,中国政治领导人充分意识到了在所有这些领域发起改革的紧迫性。温家宝总理在"十二五"规划中强调了一系列优先改革事项,其中包括抑制通胀、深化经济转型、环境保护和反腐败。② 在过去的30年,政党—国家基本上已经完成了中国经济结构的转型,尽管这还是一项尚在进行中的工作。国家与社会的关系已经完全变了模样,从数字上来说,已经成立了数以百万计或正式或非正式的、或现代或传统的公民社会组织、宗族团体和社会组织,形成了大量与政府互动或(和)躲避政府的办法。由于采取了许多精简行政和提高透明度的措施,对社会经济的政治控制范围都缩减了。甚至选举机制都在党内外扩展开来。简言之,中国国内发生的社会和政治变革远比通常假定的要深刻和广泛。此外,还发生了以精简行政权力和提高透明度为形式的政治开放。我们还看到,政治多元化正以更为活跃、参与性更强的公民社会为形式发展起来。政治民主化的进展要慢得多,但显然也并不是停滞不前的。

综上所述,看待中国政治轨迹的一个可行的办法是把中国看作威权主义正在进行慢速转型的国家。转型从1978年开始,一直在共产党的管理下向前进,其间出现了多次起伏。这种中国特色的威权

---

① David Pilling, "China Crashes into a Middle Class Revolt," *Financial Times*, August 3, 2011, www.ft.com/intl/cms/s/0/0558876e-be1b-11e0-bee9-00144feabdc0.html#axzz1XGp7vEVC.

② 温家宝:《关于制定国民经济和社会发展第十二个五年规划建议的说明》,2010年10月28日,http://news.xinhuanet.com/politics/2010-10/28/c_12713246.htm。

主义对新理念和新制度越来越开放。关键的问题是，中国改革的试验办法以及地方创新和中央回应之间的微妙平衡能否应对社会经济的多重挑战，并与此同时战胜那些反对变革的既得利益。

根据历史上的许多相关案例，转型之前发生的政治改革和政治制度化比较充分时，威权主义的统治精英就会在更为民主的时代生存下来。国民党以前实行威权主义。20世纪80年代和90年代它在台湾主动推行了政治改革，现在仍是执政党。在匈牙利，从1968年开始改革的共产党在1989年也基本上实现了和平转型。1989年之后，匈牙利的执政党之一社会党（the Socialist Party）实际上是原共产党中主张改革的一派，这意味着原来的统治精英中有很大一部分得以保存。与此相反，如果威权主义精英不仅未能将任何改革予以制度化，反而僵化地控制权力，那么他们往往要面对更为突然、暴力甚至血腥的转型过程。在1989年的民主化浪潮中，罗马尼亚和南斯拉夫就是这种情况，而突尼斯、埃及、利比亚和叙利亚似乎正在重复这一模式。

历史表明，挑战威权主义的确切时点和类型是不可预测的。可以肯定的是这样的挑战一定会多次出现。在20世纪80年代后期和90年代早期中东欧的威权主义体制崩溃之后，中国的威权主义体制坚持了下来，这使得中国内外的许多人认为，中国已经具备了某种免疫力，可以抵挡住那些通常削弱威权主义的力量。诚然，中国共产党到目前为止成功地在表面上、甚至事实上保持了对政权的控制。但它之所以能够如此，在很大程度上靠的是削减自身权力的范围和大小，乃至抑制它的控制本性。

既然中国正处于十字路口，那么它就可以在试验主义的基础上探求一系列具有创造性的治理创新。为此，领导层必须既有实力又比较开明。以习近平和李克强为首的新领导层将于2012年接手，他们极有可能采取更为大胆的态度进行试验和改革，以便迎接转型中国的挑战。

更为大胆的试验策略应该包含一些要素。在推广创新的成功经验时，一个地方的做法可能不只局限在口头上的支持和鼓励。迄今为止，这一策略的推行恰恰让那些管理最差的地方改革滞后。新的措施要建立具体的激励机制，使地方政府和社会都接受新的改革理念。这些激励可能包括对政府的发展项目投入银行贷款，拨款给非政府组织等。

另一个要素应该是进行一些试验，尝试为公民和公民社会积极参与当地的乡政府、县政府或省政府提供更多的空间。采用多个行为者参与的办法，国家就可以集思广益，大大加快解决问题的过程。实际上，这种网络更加密集的治理办法可以为建立一套弹性更强的制度奠定基础。这样一来，正在参与全球化的当今中国就可以灵活应对不可预知的挑战。

中国的任何一项改革都是规模巨大的。有鉴于此，试验策略应该包含的第三个要素是建立多重交叉学习平台。这种交叉学习将横贯政府内部、国家与社会之间、全球研究机构之间、公民社会团体乃至支持转型的政府官员网络之间。今天，政党—国家开展交叉学习的工具比历史上的任何时候都更多、更有效。既定的试验路径是在各地进行试点，然后将其推广到全国。对中国来说，实现从过去几十年的地方化路径到建立网络化的治理创新中心这一跳跃是具有深厚根基的，那就是各地的广泛合作，因为在全国范围内，不仅开创性的理念层出不穷，人们在对最有趣的治理新试验进行研究和推广，而且还可以建立交叉合作关系去应对新出现的各种问题。

最后，中国的新一届领导人必须处理怎样引导这些试验方向的问题。随着中国国家机构对新观念采取开放态度，将出现一个风险，那就是该国的不同区域可能在标准上被拉向互不相同的方向。在今天，中国人从国家到社会实际上都在从各种意识形态中汲取营养。中国本来有追随邓小平理论、毛泽东思想和儒家传统的人；随着中国与世界的相互联系愈益紧密，国际规则也越来越成为日常话语的一部分。这种眼花缭乱的局面使得人们对中国是什么以及当中国人意味着什么产生了多种理解。不同的认识取决于人们是在跟谁对话：是与四海为家的世界公民、进城务工人员、跨国集团的老总、农民、大学生和教授对话，还是与艾滋病活动人士、艺术家或钢铁工人对话。这些人都愈益盼望他们的新领导人提供一个他们能够认同的、统一的、一致的和有说服力的中国未来图景。迄今为止，关于中国应当向哪个方向前进的争论一直局限在知识分子和政治精英的范围内。不过，展望未来，这些群体以外也会有越来越多的人要求在规划未来时占据一席之地。中国新一代领导人把试验办法推进到下一个阶段的时机已经成熟。

译者后记

《中国试验：从地方试验到全国改革》（英文版）一书可谓佳作偶成。本书的三位作者分别来自美国、中国和新加坡。撰写本书的最初想法只是源自三位作者偶然间在北京的一次促膝小聚。正是这次小聚，使得三位长期研究中国问题的优秀学者将自己对中国改革问题的深深思考交汇共融，汇集在本书之中。

今天，我们很容易就能找到一本关于中国改革的著作。探讨的内容主要集中在改革理论、所取得的成就以及所付出的社会和环境代价等问题，但对改革实践从何而来，又将走向何处的研究却并不多见。本书通过大量案例研究，分析了中国在乡镇、县、市和省所开展的地方改革试验，从而探究中国各地开展的众多政治、经济和社会改革，并通过对地方的观察，找到中国未来发展的线索。

值得一提的是，本书英文版出版于2012年初，即中共十八大召开以前。作者在本书最后一章"选举机制"一节中对十八大领导人的换届研究在当时还属于一种预测分析（见该处译者注）。特在此说明。

在翻译过程中，译者得到了本书作者之一赖海榕的极大帮助和支持，在此表示感谢！

本书的前言、第一章、第三章和第四章由冯瑾翻译，第二章、第五章和第六章由张志超翻译。由于时间有限，本译文难免存在不够准确和尚待斟酌的地方，如有纰漏，还请读者见谅。

冯瑾
2013年11月